ありは金全部使え

貯める
バカほど
貧しくなる

堀江貴文

マガジンハウス

はじめに 冬に備えないキリギリスであれ

子どもの頃、僕たちはイソップ物語の『アリとキリギリス』を聞かされた。

夏のあいだにコツコツ働き、充分な蓄えを準備したアリが生き延び、蓄えずに遊んでいたキリギリスは、飢え死にする。そういう戒めを込めた物語だ。

冬になって食べ物を乞いにきたキリギリスを、アリが「見たことか」と門前で追い払う。それを親や教師が、まるで絶対的な善であるかのように、子どもたちに擦り込む。

でも、僕には子どもの頃から疑問だった。

アリたちは、キリギリスを見捨てて、良かったのだろうか？

将来のことなど考えずに、「いま」を思い切り楽しむ人生。

それは、死んでも自業自得と言われるような、いけない選択だったのか？

アリたちだって、キリギリスの音楽を楽しんでいたのではないか？

『アリとキリギリス』は、僕たちが長く洗脳されている、「貯金信仰」の象徴的な話だ。

額に汗して働く人生が最善で、そうしなかった者は飢えても文句は言えないのだ、と説いているが、果たしてそれは真理だろうか。

有限の食糧に頼っている生活の設計ならば、この教訓は一理あるかもしれない。

しかし、いまはどうだろう。

いまや、キリギリスのように「好きなときに好きなだけ食べて」も、まったく困らなくなっている。もはや食糧は重要な基準ではないのだ。物質的に豊かになったこの時代、驚きや感動、娯楽、快適さなどの付加価値に対価が支払われるようになった。

となれば、現代社会において価値をもって求められるのは、アリの生真面目さよりも、キリギリスの「いまを謳歌する生き方」だ。

これはもはや、疑いようのない圧倒的な事実になっている。

真面目に働く勤勉さももちろん有用ではある。しかし、楽しみや遊びを周りに提供する才能は、それと同じ価値どころか、今後はその価値をますます高めていくだろう。

アリもキリギリスも、どちらも飢えず、幸せに暮らせるのが、本当に成熟した社会だ。

僕たちは、もうその社会を生きている。

古い寓話のメッセージを教訓にしていたら、蓄えの呪縛からは逃れられない。

『アリとキリギリス』は寓話集の一篇として15世紀頃に出版され、日本にも16世紀には渡ってきたという。とにかく古い。世界の経済の中心が農業だった時代に、つくられた物語だ。

その頃の社会では、『アリとキリギリス』のメッセージは、人生の戒めとして有効だったと思う。

農業経済が、人々を支えていた。

民衆は、食料を生産するために、コツコツ働いた。そして食料を貯めることは正義だった。世の人々に「貯金信仰」の呪縛がかかってしまった。

とりわけ農耕民族だった日本には、その縛りが強く働いた。

歴史学者のユヴァル・ノア・ハラリはベストセラー『サピエンス全史』のなかで、「農業革命は、史上最大の詐欺だった」と論じている。

人類は農業革命によって、食糧の総量を増やすことはできたけれど、労働の手間も増えてしまった。充分な休暇など、ライフクオリティの向上には結びつかなかった。

むしろ人口爆発と、飽食の富裕層を生み、格差社会の原因になったと述べている。

人類＝ホモ・サピエンスが、農作物を管理・栽培したのではなく、逆にホモ・サピエンスが農作物に隷従していると、ハラリは説いている。

なるほど、と思わされる部分がある。

史上最大の詐欺というのは刺激的な表現だが、農業によって得られた安心感が、幻想だという指摘は、正しい。

農耕の発達によって、資源の備蓄が奨励されるようになり、「消費する」「遊びまくる」生き方を、抑圧するようになった。

穀物の魅力に目がくらみ、「貯金信仰」の幻想が生まれたのだ。

貯めていれば大丈夫。その考えは、農作物の恩恵の奴隷に成り下がっている証拠だ。


生きていくために、蓄えは必須ではない。

それどころかむしろ、それは人生を萎縮させる。

備えてばかりの人生を送るアリたちが、音楽や踊りの上手い楽しい友人をも失って、その後も幸せに生きられているとは、あまり思えない。

積極的に蓄財を使って、遊びや娯楽を楽しんだ方が、幸せに決まっている。


いま、文明やテクノロジーが進み、シェアリングエコノミーやブロックチェーンなどテクノロジーの進化によって、中央集権国家の奨励した「貯金信仰」の幻想が暴かれつつある。

誰もが蓄えをしない生き方を取り戻せる、絶好のチャンスだ。

僕はいろんなところで、お金は信用を数値化したものだと述べてきたが、いまお金の信用を裏づけるのは、使うことだ。

貯めているだけで、信用は裏づけされない。

お金を使うことで、あなた自身の価値が膨らみ、新たな生産の循環が生まれるのだ。

お金は信用を数値化した道具に過ぎない。だが、使えば使うほど、信用の裏づけを強くする、公平で便利な道具でもある。


貯めているだけではいけない。

お金は本来、使うことが目的の道具だ。

あらためて問い直してほしい。

お金を貯めて、何をしたいのか？

もしものときのため？　きたるべき冬に備えて？

どちらも違うだろう。

もしものときに役立つのは、お金で培える知恵や、豊かな経験だ。

『アリとキリギリス』の世界は遠い過去だ。
食べ物がなくなる冬など、もう地上には存在しない。
いつでも腹いっぱい、安くて美味しい食べ物を食べられる。

じゃあなぜ、貯めるのか？
簡単だ。「貯金信仰」にとらわれているだけだ。

古い時代からの幻想を、少しでも解いてもらうために、僕は本書をまとめた。
声を大にして言いたい。

あり金は、全部使え！

それが、人としての信用を裏づけ、お金の本質を学ぶための最善策だ。

誤解されてはいけないが、1円残らず使いきり、ボロボロの貧乏人になれと、
売れない芸術家みたいなことを言っているわけではない。
あり金をすべて使うつもりで、やるべきことをしよう。

そうすれば、お金に使われ続けるマインドからは、きっと脱出できる。
詳しい実践法は、各論で述べていこう。

目次

Phase 1
マインドセット

安定志向はゴミ箱に捨てろ！

Phase 2
行動革命

欲望のままに遊び倒せ

Phase 3
時間革命

金で買える時間はすべて買え

Phase 4
習慣革命

チンケな節約をやめろ

Phase 5
信用構築

財産を信用《ブランド》に変えろ

貯金があれば将来安心など、幻想に過ぎない。
安定志向は豊かな人生の放棄に他ならない。
社会通念を疑え。思い込みを捨てろ。
人生の真理を知り、お金の呪縛から自由になれ。

Phase1　マインドセット

安定志向は ゴミ箱に 捨てろ！

限界を超えてお金を使え

２０１９年の５月４日早朝、僕が出資する宇宙ベンチャー、インターステラテクノロジズ（ＩＳＴ）の小型観測ロケット「Ｍ《モ》ＯＭ《モ》Ｏ」の３号機が、北海道大樹町から打ち上げられた。

ロケットは、高度１００キロの宇宙空間に到達した。民間単独のロケットとしては、国内初となる快挙だった。その日は、夜遅くまで仲間たちと祝杯をあげた。

多くの方々からお祝いの言葉をもらった。ニュース番組でもトップで取り上げてもらった。柴山昌彦文部科学大臣からも応援のコメントが発表された。すべてが本当に、ありがたいことだった。

思えば、長い道のりだった。宇宙事業へ関わり始めたのは2004年からだ。まず海外からのエンジン購入を計画したが、いろいろあって頓挫。ISTでの自前のロケット開発に移行した。専門家を集めたものの、ロケットづくりの実質的なノウハウはほとんどない、まさに手探りからのスタートだった。

こつこつ開発を進めていくなか、ライブドア事件が起きた。

僕は逮捕され、東京・小菅の東京拘置所に勾留された。刑務所に収監された後は、ロケットの開発資金を少しでも稼ぐために、メルマガの原稿を書き続けた。収監中の収入は限られていた。僕のマネージメント会社からの研究開発委託という形で、ISTでの宇宙事業を継続した。

持ち出し状態が続き、莫大なお金が失われる日々だった。

出所後は、自由に稼げる身となったが、ISTの財務状況は常に厳しかった。僕の会社からの出資のほか、第三者割当増資で、資金を補填した。クラウドファンディング、他企業からの融資、補助金の申請、資金調達に使える手段は何でも使い倒した。なりふりなんて、かまっていられなかった。

それでも幾度となく、資金難にぶち当たった。

だいぶ前から、ISTは僕の収入だけで支えられる状況ではなくなっていた。ビジネスマンとして考えれば、宇宙事業はとっくに、損切りの対象だっただろう。


それでも僕は、諦めなかった。挑戦を止めなかった。

挑戦のない人生に、意味はない。

コストパフォーマンスのいい衛星打ち上げのビジネスは、世界的に需要が高まっている。現状、ロケット打ち上げには10億円単位の費用がかさむ。コストを少しでも下げられる民間企業の技術向上に、かけられた期待は高い。現に海外のロケットベンチャーの会社は、時価総額が1000億を超えているのだ。

今回の打ち上げ成功でISTも注目度が上がり、大きな投資が得られるかもしれない。資金力さえつけば、計画中の軌道投入機ZEROは、遠くないうちに完成する。

ZEROが稼働するようになったとき、ISTはロケットビジネスの分野で、イーロン・マスクの率いるSpaceXと同じ舞台に立てるのだ。

それはもう、夢ではない。

15年もの歳月をかけ、何度もトラブルや資金悪化を経ながら、ついに宇宙へ行けた。

不可能だとも言われた、最初のデスバレーを超えたのだ。

ここから僕たちに追いつける競合会社は、国内にはほとんどいないだろう。

夢を夢で終わらせないためには、現実と真剣に向き合い、対策を考え抜くこと。

そして、挑戦を止めない意志が大切だ。

夢をうち砕くのは、現実かもしれない。でも、夢中でやり続ける意志を持っていれば、優れた人材やお金、縁が集まり、現実を夢以上のステージに高められる。

銀行預金は「不安の貯金」

小学生時代、僕の通っていた小学校では、親戚からもらったお年玉を郵便貯金することが奨励されていた。

新学期明け、講堂に郵便局員がやって来て、生徒たちは茶封筒にお年玉を入れ、貯金の手続きをしていた。

僕は「なんで貯金しないといけないの？」と、不思議でならなかった。

せっかくのお年玉だから、ゲーセンに行ったり、マンガを買いたかったのに……。

学校の先生も、両親も、世間の大人は「貯金は大事です」と言う。

それは、正しくない教えだ。

何らかの目的があって、貯めているのは別にいい。でも、特にこれといった使い道がないのに、預金通帳にお金を余らせ続けるのは、本当に愚かしいことだ。

そもそも郵便貯金は第二次世界大戦中、戦費調達のキャンペーンから全国に普及したものだ。戦争がなくなった現在は、国債を償却するために、貯められたお金を運用している。そんな歪《いびつ》な機関に、大事なお年玉を吸い取られてしまったアホらしさは、ずっと僕の記憶に残っている。

銀行などの機関に預けているお金は、銀行に対する債権だ。

貯金は、いざというときのための資金だというけれど、多ければ多いほど、それだけ誰かにお金を貸して、あなた自身の人生の幅を狭めているのと同じなのだ。

貯金は生活の安心につながると、大人は言うかもしれない。しかしその金額ぶん、債権者としての負担を増やしているのだ。それがなぜ安心なのだろう？

僕の言い分は、極論すぎるかもしれない。だけど、いくら批判されようと、しつこく言い続ける。

貯金が美徳というのは、間違った考え方だ。

銀行に預けていれば、たしかにお金は融資という形で世の中に回る。しかし融資の恩恵を受けるのは、限られた大手企業だ。庶民の消費が活性化しなければ、意味がない。多くの会社の業績は上がらないし、雇用も生まれない。

使わない限り、お金は活きてこないのだ。


僕は大学生になって以降、貯金は一切やめた。

一生懸命働き、まとまったお金を持ったら、仲間と遊びに行き、旅行へ出かけ、美味しいものを食べ、見聞を広めるために使い尽くした。

性分的に、貯金好きではないのもあるけれど、活きない貯金を守るより、活きたお金を使った方が、絶対に楽しくて幸せだと信じていた。


使うだけ使いまくって、正しかったと思う。

お金を使って得た経験は、社会に出てから、いろんな場面で役に立った。コミュニケーションのレベルも、出会う人のランクも高くなった。

貯めていれば、国内の40代のビジネスマンのなかでは指折りの富豪になっていたかもしれない。でも僕にとっては、貯金額を増やすより、そのときにしか得られない出会い、興奮や、体験を積み重ねることの方が、はるかに大事だった。

僕の得てきた体験は、いま同じ額のお金を投じたところで決して得ることはできない。貯金は目先の不安を多少取り除くのかもしれない。しかし時間を買い戻すことはできないのだ。

いまという時間を楽しみ尽くし、後悔のない人生を送るために、お金の活力を信じて、好きなだけ使ってしまおう。

貯金にとらわれ、お金の活力を死なせてはならない。

リスクに飛び込め

多くのプロジェクトを同時に動かすためには、人についていく小利口ではなく、手を挙げる勇気――いっそのこと、バカにならなくてはいけない。

僕はいままで、周囲の空気を一切読まずに行動してきた。

やりたいことがある人は？　と、聞かれたら、誰よりも早く、はい！　と手を挙げ、自ら動きだした。資金の心配など、したことはなかった。

23歳で起業して、会社を大きく成長させた。

大阪近鉄バファローズを買収し、巨人のひとり勝ち状態だったプロ野球を、活性化させようとした。

ニッポン放送とフジテレビを買収し、メディア革命を起こそうと試みた。自民党から衆議院議員候補として出馬し、自民党総裁になろうと考えた。

世間からはホリエモンは、なぜバカなことばかりやるんだ？ と批判された。

はた目にはバカな挑戦だっただろうけど、僕は純粋に、そのときやりたいことに、没頭していただけだ。こんなバカなこと、普通はやらないよなぁ……などと振り返ったりはしなかった。してるヒマもなかった。

目の前に面白そうなことがあれば、すぐに自分でやってみる。

お金のことなど気にせず、とことんまでハマってみる。

やってみて失敗したことも多いけれど、得られた貴重な経験は、もっと多い。

「やっておけばよかった……」という後悔とは無縁だ。

うまくいくプロジェクトは、やりたいことの塊みたいなトップがいて、その周りに優秀なエンジニアや専門家が、大勢集まっている印象がある。

いい意味で歯止めの効いていない、強い気持ちを持っている人間には、サポートに向いている技術者など器用な人たちが、自然に吸い寄せられていくということだ。

リスクを察知して、行動にブレーキをかける人では、いけない。

誰よりも早く手を挙げ、何がなんでもやりたいことをやってやる！　というリスクを取れる人が、これからは求められる。

時代は急速に、ＡＩやロボットが人間の仕事を代替するようになっている。そんななかで、やりたいことに最初に手を挙げ、ストレートに飛びこめる厚かましさは、多くの技術や知識を持っているのと同等か、あるいはそれ以上の価値を持つようになるだろう。

身体は大人になっても、行動の欲求は、３歳児レベルでいいと思う。

３歳児は、ご飯を食べていても興味がころころと移り変わり、ご飯をこぼして親を困らせる。好奇心を抑えられず、道路で走り出して、ケガしたりする。それで全然いいのだ。

３歳児は、やりたいことだけでできている。だから、親や周囲の人たちに、愛されるのだ。「自分の欲求に制御をかけて、やりたいことを全然やってない」という３歳児を、あなたは可愛いと思うだろうか？

ビジネスや遊びなど、行動に関しては、いつまでも３歳児でいてほしい。

スティーブ・ジョブズを挙げるまでもなく、イノベーションを起こしている人たちのほとんどは、行動の欲求レベルが幼児だ。だからこそ大胆な革新的技術を発明でき、面倒をみてくれる優秀な人たちが、手助けしてくれる。

もしあなたが、誰からも助けられず、苦しい立場にいるとしたら、きっと本気でやりたいことを、やっていないからだ。リスクを恐れてばかりだからだ。

3歳児のように、全身の活力を爆発させて、やりたいことをしよう。


子どもは、いまがすべてという気持ちで生きている。だからすごいスピードで成長を遂げる。将来の安定など、いまここにないものにとらわれてはいけない。

やりたいことをやればいい。

そうすれば、気づいたときには、周りの人が驚くほど進歩しているはずだ。

組織に頼るな

押し寄せるグローバリズム、働き方革命の実践など、日本人の働く環境は、さまざまな変化を求められている。

しかしいまだに、「正社員であれば安心だ」という常識は、根強い印象がある。特に就職氷河期以降、若者の間では正社員希望が、増加しているようだ。

だが、会社員になるメリットは、ほとんどないに等しい。

昔は終身雇用・年功序列の構造の揺るぎなさが、会社組織に属する最大の利点だった。でもリーマンショックを経て、終身雇用も年功序列も崩壊した。

有名な大手企業に勤めているとしても、ずっと安定した給料や待遇が得られ続ける保証はない。いつ職場を失うかもしれないという意味では、正社員も派遣社員もフリーターも同列なのだ。

手持ちの資金で始められるベンチャーに挑むなど、自由に生きた方がいい。存分にお金を使って、安定思考を捨て、楽しく豊かに人生を走り続けた方がいい。

会社に勤めることが一般的でなくなると、所得格差はますます広がるのではないか、という意見がある。

当然だろう。能力の優れた人が、見合ったスキルと、自由な時間配分で仕事をできるようになると、能力の低いサラリーマンの何倍も稼げる。

能力の優れた人は所得を増やし、能力の低いサラリーマンは所得が減るどころか、やがて仕事を無くしてしまう……何が問題なのだろう？

できる人に、いい仕事が集まるのは、何もおかしいことではない。

ごく普通の、自然現象だ。

それが阻害されていた昔のサラリーマン社会の構造の方が、問題だったのだ。

組織には、もう依存できる信頼度はない。

それは働き手にとっては、チャンスだ。

逆に所得を減らし、仕事を失ってしまうようなサラリーマンは、身の丈に合った仕事と収入を探し出せる好機を得られたと考えてほしい。

もちろん、会社組織に勤める利点もある。たとえば仲間との結束感が挙げられるだろう。

同じ会社に勤める上司や部下、同僚たちは、仕事の成果を分かち合える最も身近な仲間たちだ。喜びを共有できたり、褒めてくれる人が職場にいるというのは、それなりのモチベーションと言えるだろう。会社のブランドを使って、よりステージの高いプロジェクトを進められる利用法も考えられる。

また、人間関係ではいろいろストレスはあるかもしれないが、結局は身内なので、最低限のフォローをしてくれる。個人的なミスも、最終的には会社が責任を取ってくれる。組織にもいいところは、あるのかもしれない。

けれど、リスクが免じられている環境で、人は成長できるだろうか？

助けたくもない同僚を、責務のために助けることが、果たして正しいのだろうか？

人は、人のために生きているのではない。人のために尽くすことで、能力が増すことはあるだろうけれど、それが目的になった途端、自己犠牲などという表現で、美化されてしまう。

美しくなんかない。

組織に依存を続けていると、「みんなのため」という自己犠牲が正義を持ち、個人の意志や意見が押しつぶされ、成長が阻害されることに、鈍感になってしまう。

たとえ結束感の昂揚《こうよう》があったとしても、僕はそんな環境を決して肯定できない。

人は常に、自分のやりたいことのために生きるべきだ。

何をしたいのか、どこに行きたいのか、何が好きなのか。

己に深く問い続け、そのために必要な実践を大胆に繰り返していくことで、人生は真に豊かになっていくと信じている。

家を買うな

結婚した人は、いまでも結構な割合で「家を買いたい」と言う。地方住まいの夫婦だと、その割合がさらに高まる。

哺乳類の生態に根づいた考えなのだろうか。子どもを産んで、安全に育てるのは親の役目だ。そのために家=巣を、「安定したもの」にしたいという本能が働くのかもしれない。

それによく聞くのが、「賃貸は家賃が勿体ない」という意見だ。しかしそれは家を持つことの危うさも、人生の意味をも全く理解していない人の考えだ。

僕も結婚していた頃、当時の妻の願いで、家を買った。

だが2年ほどで離婚してしまい、さっさと売り払った。物件としては良かったので、ほとんど損しなかったのは救いだ。

その経験があるからではないが、持ち家論には、まるっきり同意できない。

平成が終わったいま、家を持つ必要性はどこにもない。むしろ、数千万円ものローンを組むことは、高い確率で破綻するリスクを抱えるようなものだ。


まず持ち家には、固定資産税がかかる。ローンの金利もとられる。建物の上物の価値は年々減価していく。比較的安定していると言われる地価にも、景気によって大幅な変動リスクがある。

快適な生活空間を保つために、壁や屋根、水回りなど、いくつもの消耗箇所のメンテナンスを続けていかねばならない。

また持ち家は、ライフスタイルの変化への対応が困難だ。

世帯の中心である父や母が若いうちはいいけれど、高齢になれば平気だったはずの廊下の小さな段差や階段が、だんだん辛くなってくる。いずれ転倒防止のバリアフリー化の手間がかかるかもしれない。

30代ぐらいの感覚で選んだ（または新築した）家に、数十年後もそのまま気持ちよく住み続けられる可能性は、かなり低いはずだ。

持ち家の最大のデメリットは、移動の制限だ。

一度家を買ったら、簡単には引っ越しができない。

先述のような不具合に耐えられなかったり、天災などで修復できなかったり、隣人トラブルに巻きこまれたりした場合でも、すぐ売れなければ、我慢して住み続けねばならない。もしくは一生、その家に住み続けなくてはいけない悲惨なパターンも、ありえるだろう。

時代は、激しく変化している。

収入や健康状態、家族関係、すべて一定の状態で継続される保証はないのだ。

天災に遭ってしまう不運からも、日本に住んでいる限り、完全に逃れることはできない。

そのような情勢にあって、移動のきかない持ち家の所有は、かなり大きなリスクだ。

持ち家=幸せという価値観はすでに過去のものだ。

快適な住まいが欲しいなら、フレキシブルに移動していこう。

ライフスタイルに応じて、賃貸住宅を次々に替えていくのが、一番の方法だ。

僕の話をすると、数年前から家がない。

離婚してから長年マンション暮らしだったが、ライブドア事件での収監をきっかけに解約して以来、ずっとホテル暮らしだ。

ビジネスなどで国内外の移動が多く、家でのんびり寛ぐというライフスタイルが、もとからなかった。持ち物はスーツケース数個にまとまる程度で、どこかに置いておくスペースが確保できたら充分。家まで持つ理由が、全然なかったのだ。

移動を続けながら快適な生活を維持するには、ホテル住まいがベストだと言える。ある程度の稼ぎがあって、物の所有欲が極端に少ない人には、ぜひ薦めたい。

というより、熱中できる何かをたくさん見つけ、やりたいことをこなしまくっている毎日を過ごしていれば、自然に家なんかいらなくなると思う。

貸し金は捨て金と知れ

使ったお金のことを、ずっと悔やんでいる人は多い。

お金には投資や事業計画、またはギャンブルや高い買い物、いろんな使い道がある。

払ったときはいいけれど、後になってじわじわと「あんなに高く払わなくてもよかった」「もっと安くできたのでは？」「というか、無駄金だったのじゃないか？」などと、悶々と悩んでいると、後悔として残ってしまう。

お金を「スッた」ことの後悔が深く残る、最たる例は、借金に応じたときだ。

断れないような相手から、泣きつかれて借金を頼まれ、仕方なく頼まれた金額を貸してしまうことがある。約束通り返してもらえたら特に問題ないけれど、踏み倒されたときは厄介だ。

しばしば顔を合わせられるような相手で、返してくれと言ったとき「いやーもう少し待って」とか「まだ用意できなくて……」と、のらりくらりとかわされると、イライラが募る。あげく「待ってくれないなんてケチくさい！」などと逆に責められたりすると、ストレスは増すだろう。

最悪なのは、踏み倒されたときだ。

貸した相手と音信不通になったり、貸したことを「借りたっけ？」とか「ちゃんと借用書つくった？」と、トボけられる場合もある。

なかには、借りた金の代わりだとして、欲しくもない絵とか家具を押しつけられたり、ちょっと仕事を手伝って、「これで借金はチャラ！」と言い張る、ジャイアンみたいに図太いヤツもいる。

相手に特に愛情も信頼もなく、仕事上の義理などで借金を断れないような関係だったら、悔しさはさらに深まるだろう。

長年の親友が相手だったとしても、納得いかない借金は、簡単に友情を壊す。

貸した金を「スッた」ストレスの大部分は、金を返してくれない事実よりも「金を踏み倒しても、こいつなら別にいい」という、相手から下に見られた屈辱感から生じているのだと思う。

辛いことではあるけれど、忘れてしまうのが一番だ。

貸した金がまとまった金額で、生活上の不利益があるときなどは、法的に対処することも可能だが、相手に返済能力がなかったら、どうにもならない。

借金で「スッた」金は、戻って来ないのだ。

最初からなかったと思うと、楽になる。

人からの借金には、絶対に応じてはいけない、と言いたいわけではない。

僕も他人にお金を貸した経験は、何度もある。断れない関係だから……というよりは、あげてもいいと思ったら、割とカジュアルにお金は貸してしまう方だ。

もちろん、ほとんどは返してくれるけれど、踏み倒されたことも、何度かある。

けれど、あげるつもりでお金を渡しているので、ぜんぜん気にしない。

「この人にならあげてもいい」とか、「この程度の金額ならいいや」と思えば、人に金を貸しても結構だ。

少しでも躊躇する何かがあるなら、絶対に貸さないでおこう。「スッた」悔しさに、いつまでも苦しむことなる。

肝心なのは、借金を踏み倒した相手とは、きっぱり絶縁することだ。

貸したお金を返さないで、平気でいるような人とは、付き合ってはいけない。

たとえ仕事上の関係があろうと、親友だろうと、縁をつないでおく意味はない。

作家で僧侶の向谷匡史《むかいだにただし》さんは、こう言っている。

「人間関係というのは、自分という船の船底にこびりついたフジツボや牡蠣殻のようなものだ。人生という海原を渡っていくうちにどうしても付着してしまうものですが、気になるなら自分で削ぎ落とせばいいんです」

そのとおりだ。僕たちは人生という船を、常に前に進めていかなければいけない。

お金に対して誠実でない人間は、航行の邪魔になる。ためらわず削り落とそう。

死んだあとなどどうでもいい

男が結婚したときは、だいたい最初に妻の側から「生命保険に入って」と求められる。一家を支える稼ぎ手が万一のことで急逝しても、残された家族が困らないように、セーフティネットとして生命保険を準備しておきたいという言い分だ。

保険の種類によっては月に数万円ほどのお金を払い続けることになる。万一があろうとなかろうと、掛け金は戻ってこない。万一の事態を避ける安心感に、毎月何万円ものお金を何年も何十年も、ずーっと払わされるわけだ。

バカバカしいにもほどがある。

ひとつしかない命に、保険をかけるなんて不健全きわまりない。

というより、自分の命は月々そんな金額で保障される程度のものなのか？　と、悲しくならないだろうか。

僕は保険にはひとつも入っていない。

結婚していた頃、当時の妻から生命保険、学資保険といくつか保険に入るよう迫られた。ことごとく断ったが本当に鬱陶しかった。

もし死んだら家族はどうなる？　と聞かれても、死んだあとのことは、野となれ山となれだ。だいいち死ぬことなんて普段、欠片《かけら》も考えたくない。

もし僕が死んだら、家族や仲間など、残された人たちで頑張ってほしい。

死んだ後のことまで責任は持てない。冷たいと思われるかもしれないが、正直な気持ちだ。

保険なんか掛けないで、残された人たちが困らない程度の財産は、充分に残してあげられる自信もある。

いざとなったら保険に頼る……という発想が、僕には根本からないのだ。

生命保険は、いかなる種類だろうと、お薦めできない。

要は、ギャンブルだからだ。

世界最古の生命保険会社であるイギリスのロイズ社は、長距離航行する船員向けのロンドンのカフェが発祥だ。17世紀の末、カフェに出入りする客の間で、「運航船が無事に港に戻ってくるか？」の賭けが流行っていた。当時の航海は技術が未発達で、事故や難破が多かった。けっこう高い確率で運航船は港に戻って来られず、賭けは成立していた。やがてカフェでの賭けのシステムがビジネスとなって、ロイズ社が設立された。それが現在まで続く生命保険事業の基盤となっている。

生命保険とは、他人のギャンブルになけなしの金を払ったうえ、自分の命をさしだす商売なのだ。

生命保険は大事！　などという人は、大切な命を他人の賭け事に利用されているのに、どうして平気でいられるんだろう。

しかも生命保険は、利用者への還元率が低すぎる。寺銭がバカ高いというか、保険事業の運営にかかる経費の大部分を、利用者に負担させているのだ。

保険の加入者には、無駄なコストを払わされすぎている事実が、巧妙に隠されている。僕からすれば「死んだら家族にお金を残したい」という人の心を利用した、タチの悪いギャンブルだ。

とまあ、悪いことばかり言ったけれど、家族を路頭に迷わせないよう工夫したい気持ちは、否定されるものではない。生命保険で不安が減るというなら、好きなように掛け金を払っていけばいいいと思う。

僕が問題だと思うのは、生命保険の構造がどうなっていて、どんなリスクを持った商品なのか、各々判断できるような教育が、まったくなされていないという現状だ。

保険商品、ひいてはお金の仕組みに対する無知のせいで、世間の人たちは不必要な出費を強いられている。

みんなもっとお金の本質を、学ぶべきだ。

生命保険に頼るより、よほど人生の安心が得られるはずだ。

まず、生命保険に入ろうという人には、あなたの家族を守ってくれるのはお金だけなのですか？　保険だけしか家族を助けてくれる人がいないような人生を、あなたは送っているのですか？　と問いたい。

「遊びの時代」がやってくる。
凄まじい勢いで価値の軸が変わる。
とことんハマれ。仕事など忘れてしまえ。
突き抜けた者だけが、向こうの景色を見られる。

Phase2 行動革命

欲望のままに遊び倒せ

何でもやれ

僕は面白いことに囲まれて生きている。やりたいことが尽きない。

面白いことを片っ端からやっていくと、やりたいことが倍々に増えていく感覚だ。

「面白い」と「やりたい」の循環に入れば、時間はいくらあっても足りない。だから何よりも時間の抽出と最適化に努めている。お金なんか、どうでもいい。

面白いことを逃したり、チャンスを失うのが、僕には最大の痛手だ。

そうならないよう、常に遠くへ出かけ、新しい情報を浴び、多くの刺激的な仲間たちと会い、感度のバージョンアップに努めている。

面白いことがない、という人は多い。

それはシンプルに、感度が低いからだ。

「やる」ことを重ねていない。「挑み」を実践していない。

だから、情報のアップデートはできないし、会う人は限られ、つまらない現在をわざわざ自分で、固定してしまっている。面白いことに出会えないのは、当たり前だ。


とにかく何でも、やってみることだ！

片っ端からやっていれば、必ず何かひとつかふたつは、思いがけない成功体験を引き寄せる。やること自体が、楽しくなってくる。

意欲の循環に入ろう。

そうすれば自然に感度は磨かれ、ワクワクできることが、必ず現れる。

僕は学生時代はゴルフなんて全然、興味がなかった。けれど起業して、知人に誘われたのをきっかけに始めたら、すごく楽しくなった。いまでは海外旅行などの出先でいいコースがあれば、時間を捻出してコースを回る。

『人狼ゲーム』など、人から教えられたのをきっかけにハマり、ビジネスに転換したものも少なくない。

僕が普通の人より、面白いものに囲まれているのは、生来の好奇心も関係しているが、人よりたくさん「やってみた」からだ。

やりたいことが現れれば、後回ししない。やれるとき、その瞬間に乗っかって、やってしまうのが大事だ。

できると思った順にチャレンジする。できそうかな……？　などと躊躇していたらダメだ。できる！　と確信して、やってしまおう。根拠はいらない。

僕はいま、多くのビジネスを好調に展開している。

宇宙事業はＪＡＸＡとの協業が進み、ＷＡＧＹＵＭＡＦＩＡは世界への進出計画が拡大中だ。

ロケットと和牛、どちらのビジネスも始めた頃は、自分にできるかな……とは、少しも不安に思わなかった。やる！　という気持ちでしか、動かなかった。

周りからは、ホリエモンにできるわけないと批判されまくった。

しかし「え、やれますけど？」という当たり前の気持ちで、突き進み続けた結果、現在のフェーズにまで到達できた。

人の目を気にしたり、可能かどうか迷ったり、将来性を考えたりするのは、時間の無駄だ。

すべての物事を、できるを前提に、できる理由だけを考えて、走りだそう。

どうせ無理と思わず、「俺はできる！」と確信して、動こう。

うまくいく方法は、動いているうちに見つかる。


これだけ言っても、実際に動きだす人は１％もいない。

僕の著書はたくさん売れているが、10万部売れても、書いてあるとおりに何かにチャレンジした人が１０００人いるとは聞いていない。

「やってみる」人はある意味、東大合格者以上の、狭き門をくぐったエリートだ。

胸を張って、挑戦し続けよう。

小遣い制は絶対やめろ

世間のサラリーマンには、奥さんに財布を握られている人が大勢いる。稼ぎを妻に管理されている場合、自由に使えるお金は、小遣いだけだ。男の方はその不自由を自虐的に受け入れ、限られたお金でやりくりするしかない状況を自嘲している。そんな世間の現実は、独身の若い男性にとって、結婚を躊躇《ためら》う理由のひとつになっているだろう。

結婚を考えている恋人はいても、家庭を持ってから小遣い制にはしたくないのが、男の本音だ。

しかし「結婚したら旦那の稼ぎは自分が管理したい」派の女性は意外に多い。

家計をどうかするかで、結婚前にもめて険悪になってしまうのは、よくある話だ。たいていは説得するのが面倒くさくて、男の方が折れて小遣い制になる。

となると、もう最悪だ。会社での収入がいくら上がっていこうと、一生、使えるお金は妻に牛耳られ、子どもが生まれたり、家を建てる段階になると、さらに減らされるのが常だ。


小遣い制で暮らしているサラリーマンは、安い牛丼や500円ランチで日々の昼食を済ませ、小銭だらけの財布を覗いて、毎日ため息つきながら暮らしているのだろう。……どれだけマゾなんだと思う。

「家庭を支えている者の責任だから」という理由で、自分で稼いだお金を自由に使えない生活に耐えられる神経が、まるで理解できない。

普通の夫、普通のパパは、みんなそうやって耐えながら働いている、と言われる。どうして妻や子どもの犠牲になるのが普通なのだろう？

望まない犠牲を耐え忍んでいる夫や父親を、妻と子どもは愛せるのだろうか？

僕も昔、結婚してすぐ、当時の妻に「あなたの収入を管理します」と言われた。

何も考えてなくて、妻が夫のお金を管理するのが普通だという、意味不明な常識に沿って言ってるだけのような気がした。

目が、くらっとした。バカじゃないのかと呆れた。

結婚した20代前半の僕が、ビジネスで何億円のお金を動かしていると思ったのだろう。家計簿もろくにつけたことのない若い女性に、管理できるわけがない。

そのように説得したのだが、なかなか聞き入れてもらえなかった。

あげく生まれてくる子どものために学資保険に入ってほしいなどと言いだし、頭を抱えそうになったことがある。……苦い思い出だ。


断じて言う。妻が夫のお金を管理する小遣い制は、普通ではない！

お金の管理能力の高い方が、お金を自由に使うのが、普通なのだ。


小遣い制を強いられるのはほぼ間違いなく、稼ぎが多い方だ。

たくさん稼いで、お金に対する知識の高い男が、自由に使えるお金を妻に制限されるなんて、普通であってはいけない。

稼ぎ差別をしているわけではない。

妻の方の年収が夫を何倍も上まわっていたり、夫の方が全然ＯＫだとしても、「小遣い制は普通」というのは、絶対おかしいだろう。

まず小遣いの言葉自体が、貧乏くさい。

使えるお金の上限を決めて、上手にやりくりするのが賢いという、昔の道徳のにおいがする。賢いという点では一理あるかもしれないが、いい大人が従う道徳ではない。

小遣い制は、やりたいことを制限される人生は正しいとする、間違った思想に根ざしている。そんなものには、断固反対だ。

恋愛は死ぬまで続けろ

電車内に広告を出している英会話スクールに通って、英語が自由に話せるようになれる人は、少数だ。知り合いにもいたけれど、僕の方が断然、英語は上手かった。

どのレベルの会話力を求めているかによるけれど、街の語学学校で満足な会話力を身につけるのは、相当に難しいと思う。

よく、学校に行くお金があるなら、そのお金で英語圏の国へ行きまくった方がいい！　と言われる。そのとおりだろう。

学問としての語学を追究したいというなら、アカデミーなど専門施設へ行くのがいい。でも一般的な、英語を話したい！　ぐらいの欲求は、ちょっと海外旅行の回数を増やすぐらいで、充分満たせるのではないだろうか。

活きた英語を、スピーディに身につけたいなら、英語しか話せない外国人と付き合うことだ。

僕は英語を専門的に学んだことはないけれど、ふだん英会話で不自由はしない。海外事業を手がける関係で、ビジネス英語を使う機会が多く、自然に英語力が鍛えられた。近年はWAGYUMAFIAのポップアップイベントを海外で展開している。現地のシェフと、英語で意見交換をしているうちに、さらに英語は上手くなった。

ぼんやりと英語を話したいという欲求では、能力はなかなか備わらないだろう。話さなくてはいけない環境に身を置き、このように伝えたいという明確なイメージを持って言葉を学ばなければ、向上は見こめない。

英会話を学びたい気持ちは、奨励したいと思う。いきなり外国に行くのは怖いから、まず英会話スクールに行きたいというのなら、それも結構。どんな理由であれ、学ぼうという意志と、学ぶための行動は大事だ。

なかには若い女性との出会いを求めて、英会話スクールへ通いだす男性もいるという。全然ＯＫだ。成功するかどうかはともかく、学びで繋がる縁を信じて動きだすことは、間違いではない。きっと何かは変わりだす。

学ぼうともせず、動きだそうともしない。それが最もよくないのだ。


学びと遊びは、同じだ。やったぶんだけ、経験という財産になる。

社会人が資格を取るために学校へ行くのも、合コンしまくるのも、ビジネスに活かすための投資効果は変わらない。

やがて、学びもいいけれど、遊びへの投資効果の方が、リターンがいいことに気づくだろう。苦労して取った資格より、合コンで聞いた女の子たちの流行の話の方が、ビジネスチャンスになる確率は高い。


学び続ける意志だけでは、人生は物足りない。遊び続ける欲望を、維持しよう。


できることなら、男には結婚後も恋愛を続けてほしい。

妻に対しては、最大限の敬意を払ったうえでだ。

僕は、妻がいるのに別の恋人をつくるという、器用な恋愛は面倒くさいので、もう結婚しない。いつまでも独身で、自由に恋愛市場で、相手を選び続ける。

恋愛市場から降りてしまうと、男はほとんど、オヤジ化が始まる。

同じ型の安手のビジネススーツを着回し、妻が買ってきた下着を履いて過ごす。

鼻毛も肌ケアもしない。立派なオヤジだ。

別に不自由はしないだろうけど、モテを放棄することで、身なりを気づかう思考の機会を、ひとつ失っているのだ。

パンツぐらい自分で買え！ と言いたい。

オヤジ化は、思考停止に陥る危険信号だ。


結婚して恋愛市場から降りたオヤジに、仕事のできる人は皆無だ。

勘違いしてはいけないが、愛妻家がダメと言っているわけではない。優秀な人は総じて、妻にもモテて、他の女の子にもモテまくる。

英会話スクールでも、英語講師と恋人になってしまうような人が、英語能力は高いのだ。

連れ込むのは高級ホテルにしろ

僕は高校時代に一度も、彼女ができなかった。

18歳まで、もちろん童貞だった。

東大に合格したら、可愛い女の子と恋愛する！　という目標があった。

東大に受かり、さあ恋愛するぞ、と意気ごんだが……問題が発覚した。

女子と、まったく会話できなかったのだ。

中学、高校と僕は男子校に通っていた。男子ばかりの環境にいたせいで、自然な女子との接し方を、忘れてしまっていたのだ。

いまでいう、非モテ男子のど真ん中。というか、そもそも会話していないのだから、モテる以前の話だろう。

大学内で、たまに女子から話しかけられても「田舎者と馬鹿にされたらどうしよう」とか「気持ち悪いと思われたら嫌だ」という恐怖に、身が固まった。教室で女子生徒のそばにいても、僕はそわそわと挙動不審。かなりキモいヤツだった。

可愛い彼女との大学生活なんて……はるか遠い夢だった。

念願の東大生になれたけど、男子としてのモテ能力の低さを、ストレートに突きつけられた。当時の情けない気持ちは、いまでも覚えている。

ほどなく塾講師のアルバイトで、可愛い女子高生の彼女ができた。以降は、すんなり女子と話せるようになって、多くの恋愛を経験してきた。

大人のいまならわかる。18歳の僕は、自信がなかっただけではなく、「女子に冷たくされて傷つく」自分を、守りたかったのだ。

「男子校で勉強漬けだったから仕方ない」「その気になったらいつでも彼女ぐらいできる！」という言い訳のようなプライドを、心の底で捨てられていなかった。

そんなプライドは、なくしてしまった方が断然、モテる。

口説きたいときに堂々と口説く。それ以外に、恋愛の成功法はないのだ。

40代の半ばを過ぎたいまも、僕は恋愛を続けている。

僕より若くてイケメンはいくらでもいるし、財力や社会的地位の高いモテおじさんも、たくさんいるのだ。だから、女の子にはいつも正面からアタックする。見事なぐらいの玉砕もある。だが、挫けたりしない。

好きになった女の子に、好きだ！と伝えるのに、腰が引けてどうするのか？　断られる不安や、恥ずかしさは、とっくに捨ててしまった。

僕は女の子に対して、口説けそうとか無理っぽいとか、タイプを見て接近しない。好きだったら口説くし、好きじゃなかったら口説かない。ごくシンプルだ。

経験を積もうとも、告白には多少の勇気はいる。

だが「これは自分の世界なんだ。俺の思い通りになるに決まってる！」そう強く思いこんで、ストレートにぶつかり、何とか口説き落とすのだ。

思いこみは実現化すると信じる。強いハートが大事だ。

力技ではダメだ。女の子に受け入れてもらえるための、最低限のエチケットは心がけておきたい。

まず、清潔感。女性は生き物として、汚いものとの接触を拒む本能が働く。だから不潔な男は完全にアウトだ。爪を切り、ヒゲや鼻毛のケアに努め、さっぱりした服装でコミュニケーションする。それだけで異性としての心証は、かなり良くなる。

次に、大人っぽさだ。女性は、自分と子どもを守ってくれる、余裕のある男性に惹かれる。筋肉質な肉体もいいが、社会的に落ち着いていて、それなりに知識と経済力を持っていれば、豊かな大人らしい雰囲気をかもしだせる。

清潔感と大人っぽさ、このふたつで男としてのモテ偏差値は相当、高まるだろう。

大人の男なら、女の子を本格的に口説くのに、ラグジュアリーホテルへ連れていけるぐらいの甲斐性は持っておきたい。

女の子に贅沢な体験をしてもらうのは、男の嗜《たしな》みだ。

サービス精神は確実なモテにつながり、ビジネスの能力も引き上げるだろう。

行ける飲み会にはすべて行け

過去の著書のなかで、「アフリカでブロックチェーンを用いた金融サービスの立ち上げに関わりたい」と述べた。

それを受けてYouTube公式「ホリエモンチャンネル」に、もし実際に着手するときがきたら、どのように攻めますか？　というような質問が届いた。

僕の答えはシンプルだった。

始めるときの思いつきと、出会いによる。

具体的なプランは、何もない。要は、ノリだ。

アフリカの金融サービスに関わるノリは、僕にはまだ来ない。だからといって、金融サービス立ち上げのプランを放棄したわけではないのだ。

今後、知り合いを通じてアフリカのどこかの国にコネが得られれば、動きだす可能性はある。フランス語の堪能な金融ビジネスのエキスパートと仲良くなったりしたら、フランス語圏のアフリカの国へ、視察に訪れたりするかもしれない。

繰り返すが肝心なのは思いつきと、出会いだ。

金融サービスが未発達な状況は、アフリカ全土に共通している。進出の狙いを定める国を、市場要因から厳密に考えても、それほど意味はない。

もっと偶発的、あるいは個人的な動機から動きだすかどうかを考えるのが最善だ。

情熱を持って、プランニングを整えたところで、ビジネスはその日その瞬間に、条件も環境も、勝ち筋も変わる。

予想外のアクシデントは、いつだって起きるのだ。

いいことも悪いことも、正確に予想することは、誰にもできない。

だからこそチャレンジは面白い。

アフリカでもどこでも、ノリが来たら、不測の事態を楽しむつもりで、新規ビジネスに飛びこめばいいのだ。

飲み会にも当てはまる。

大学のサークルなど、昔の友だちの飲み会は無視でいい。

でも、ビジネスでつながり、少しでも面白い！　と感じた人が誘ってくれた飲み会には、できるだけ参加しよう。行ってみて、つまらなかったら、二度と行かなければいいだけのことだ。

思いつきと出会いに乗じて、まずは行動してみる意欲が大切だ。

僕が定期的に主催している「TERIYAKIプレミアム鮨会」は、格好の場だ。

10万円の会費で、僕を中心に10名弱のお客さんがカウンターに座り、ビジネス談義を繰り広げる。予約の取れない人気の高級寿司店が会場で、出てくる寿司は超一級。寿司だけでも充分に元がとれる、お得なイベントだ。

高めの会費だけあって、来るお客さんは基本的にお金持ちや事業家などの成功者だ。手がける事業の分野も個性も、バラエティ豊か。そういう人たちと情報交換するだけで、若い人には得がたい学びとなるだろう。

僕自身もお客さんとお話しできるのを楽しみにしている。ビジネスアイディアの相談にも乗れる。僕のビジネスコンサルを10万円で受けられるのは、大変な破格だと思う。

レイヤーの高い、面白い人がいる飲み会には、すすんで行ってみよう。会話を楽しむだけでなく、磨かれた目でジャッジをしてもらえるのも有益だ。

以前、TERIYAKIプレミアム鮨会に、教育事業を目指している青年が来た。とても真面目で、きちんとした将来の展望を持っているのだが、彼の見た目と口調が怪しすぎた。情報商材のボスみたいな雰囲気で、初対面での印象がよろしくない。

でも本人は、まったく気づいていなかったのだ。

お前はいいヤツだけど、外見で損してるぞ！　という僕からの意見は、どんなアドバイスより効いたはずだ。そういう真芯をとらえた、客観的な判断を得られることもあるので、飲み会はバカにはできないのだ。

没頭しろ

これまでの人生で、親や教師、年長の大人の教えに従ったことは、一度も無い。

僕が忠実に従っていた相手は、何かにのめりこんでいく自分自身。

すなわち没頭だった。

没頭が、僕を多くの遊びやビジネスとの出会いに導いた。

お金や学び、そして生きていく楽しさを教えてくれたのは、家庭や学校ではない。没頭体験がすべてだ。


多くの人たちは、自分の行く道を見失っている。

他人の敷いたレールに乗ることが無意味だとは気づいているけれど、どうルートを変え、どの道をどう進んでいけばいいのか――つまり、自分は何がやりたいのか、何にならら夢中になれるのか、わからなくなっているのだ。

社会人になって、結婚するような歳になっても、自分探しのまま、狭いところをうろうろしている人を、大勢見てきた。彼らは自己啓発書を読みあさったり、何だか怪しげなセミナーに足を運んだり、異業種交流会や資格学校に通っている。

自発的に行動してみる気持ちは、素晴らしい。自己啓発書で人生が変わったとか、セミナーで運命的な出会いがあったというなら、それは動きだした成果なので結構だろう。騙されてる！　などと、外野がとやかく言うことではない。

僕が問題だと思うのは、動きだしたはいいけれど、何も実を結んでいない場合だ。

何をしたいのか、何を求めているのか、自分への問い合わせが完成していないところで動きだしても、動きだした「つもり」で留まってしまう。

「つもり」では没頭が足りないのだ。だから何も、実にならない。

自分への問い合わせを終えて動きだせば、必ず実になるまで、没頭できるはず。それができていないのは、考えた「つもり」で、思考の掘削が浅いのだ。

または、「こんなのできっこない」と無意識に、自分にブレーキをかけている。

親や学校、世間などというぼんやりした存在に、長い時間かけて「そんなことをしてはいけない」というブレーキを、頭に刷りこまれてきた。

没頭できない体質は、半分はあなた自身のせいではない。半分以上、日本社会の教育制度が重く関わっている。

そんなものに縛られる利点は、何もない。

情報を浴び、思考を続け、やりたいことを見つけたら、没頭を解放しよう。

逆に言えば没頭するのにブレーキをかける人ばかりなのだから、「ハマる」ことを実践しただけで、飛び抜けた突破を果たせる。


自分を没頭に追いこむ、いい方法がある。「己の決めたルールで動く」ことだ。

趣味でも恋愛でも、ビジネスでも、自らプランを立て、自分のやり方で実行する。他人はいろいろ忠告や意見を言ってくるかもしれないが、完全に無視だ。

「己ルール」を定めて、そのとおりに、気持ちのままに動いていこう。

自分のルールで動いていると、工夫の喜びや、達成感が湧いてくる。

思いがけない縁や、新しい展開も、引き寄せるのだ。

僕自身、主宰しているオンラインサロンをはじめ多くのビジネスは、すべて没頭から生まれた。

楽しいから、やる。好きだから、やる。自分で決めたから、やる！

そうやって始めた物事は、人をより高く、刺激に満ちた世界へ、連れて行ってくれるはずだ。


後先考えない没頭によって、人は進化する。未知の展望が拓ける。

他人の言うことを聞いて、ブレーキを掛けているようではいけない。

事故を起こさない安全運転でいけるかもしれないが、行き先は誰かによって決められてしまう。

地図に縛られないで、自分で地図を描いていくような冒険をしたいなら、あれこれ考えないで、やりたいことにハマりまくろう。

株より遊びに投資しろ

金を使えと言うと、一定数がお約束のように「株に使う」という発想をする。まるでわかっていない。

そもそもそれが、お金を使っていることにすらなっていない、ということが、なぜわからないのだろう。

仮に何か大きな目的があって、そのために投資をするのだという人がいたとしても、そんなことをするくらいなら別の、何か熱狂できる目の前のことにお金を使えと言いたい。株なんてギャンブルにすぎない。

しばしば経済系のインタビューで、中国バブルはいつまで続くのでしょう?

と聞かれる。世界の経済の中心として、さらに発展していく見方と、人口バブルがはじけて近く崩壊するという説と、両方がこの数年ほど、ぶつかり合っている状態だ。

結論は、よくわからない。

市場経済の一員である以上、成長しかしない国や企業は、存在しない。どんなプレイヤーだって、成長するときもあれば衰退するときもある。史上最強の経済大国と思われる中国でさえ、この法則の例外ではない。

個人投資家の株取引も、まったく同じだ。

特定の銘柄が、いつまで儲かり、どのタイミングで、どれだけ資金を投じればベストか、読みきることはできない。ある程度の経験則や証券取引の知識をもっていれば、予測らしき手はうてるけれど、ただの予測だ。

確実に、永続的に、堅調に儲かる株なんて存在しない。

上場株も為替も不動産も、つまるところギャンブルだ。

経済誌や株取引をテーマにした本や、ネットの情報商材などで「こうすれば株は儲かる!」などと語られているけれど、信じてはいけない。絶対的なセオリーや明確な解法があると思ってしまうと、間違いなく足をすくわれる。

手軽に得られるような株取引のテクニックは、ギャンブルをほんの少しだけプレイしやすくする手助けに過ぎず、素人が手を出すと痛い目にあうだろう。

僕は、お金を増やすことを目的とした株取引をしない。信頼できる筋から「必ず上がります」という情報をもらっても、手を出さない。今後も株は、やらないだろう。

理由は簡単だ。僕は、わかっていることしかやりたくないし、そもそもお金を増やすことではなく、人生を楽しみ尽くすことが目的なのだ。

ホリエモンが手がけているIT事業こそ、先行き不透明な、わからないことだらけじゃないかと、つっこんでくる人もいるだろう。けれど上場株の相場よりは全然、不確定要素が少ない。プログラムは正しく設計すれば、想定どおりにアウトプットができる。上場市場の意向に左右されないITのベンチャービジネスは、顧客のニーズさえ満たせば確実に成長するのだ。

自分の意志と、裏づけのあるデータをもって臨めば「わかっている」結果が、得られる。僕は遊びのギャンブルは肯定派だけど、のるかそるか運任せのギャンブルは好きではない。勝てる見込みのとれたギャンブルに、自分なりの戦略を乗せて、リスクを背負いつつ挑戦するのが好きなのだ。

ある意味、僕は堅実なリアリストと言える。

リアリストは正しい投資先を知っている。不確定要素の多い株取引などに、興味を示さない。


今後、投資すべきところは、遊びだ。

テクノロジーの進化によって、すべての人に膨大な余暇が生じ、遊びが人生の中心になる時代は、遠くないうちに実現する。

遊びを知らなかったり、遊びの種類が少ない人は、貧困層と同じような苦しい人生を強いられるのではないだろうか。

株をやっている余裕があるなら、もっと遊びにお金と時間を費やしてほしいと思う。

ブレーキを壊せ

さまざまなメディアを通して、僕は「遊びが仕事になる」と主張している。

AIテクノロジーの進化を受け、人類はみんな、低賃金で面倒くさい仕事を引き受ける必要がなくなってきた。

夢物語ではない。農業やサービス業、金融業など幅広い分野のビジネスで、人がいなくなる現実が起きている。

遊ぶことが、生きること。そんな社会が、本格的に始まるのだ。

「遊びが仕事になる」時代に先駆け、僕はすでに辛い仕事から解放されている。

仕事と遊びの境が、ほとんどない。昔からそうだったけれど、近年はそれに拍車がかかっている印象だ。

毎週のように海外旅行に出かけ、ホリエモン祭りなど自分でイベントを仕掛け、好きなだけ飲み、美味しいものを食べ、面白い人たちと交流している。

他人からは、遊んでいるだけのように見えるだろう。だが実質的には、誰よりも大量の仕事をこなしている。

遊びを仕事につなげるには、さまざまな知識とアイディアが必要だ。まず情報のシャワーを浴びること。そして、遊びにハマることだ。何度も言うが、没頭する。お金など気にせず、とにかく夢中になる。

多くの人は「ホリエモンみたいに没頭できる遊びは見つからない」「ホリエモンは有名人だから得しているんだ」と言うだろう。

まったくわかっていない。

誰だって、好きな遊びはある。遊びに没頭できる。

生まれてから一度も遊んだことがないという人は、いないはずだ。

好きな遊びは必ずある。中途半端にやめてしまって、遊びきっていないだけだ。

僕は子どもの頃、遊び始めると、何でも夢中になってしまった。

小学生では、ゲームにハマッた。友だちの家に、カセットビジョンというテレビゲーム機があって、入り浸っていた。友だちが家にいないときも勝手に家に上げてもらって、やらせてもらったりした。

アクティブな遊びも好きだった。川遊びにケイドロなど、毎日、体力尽きるまで遊んだ。夢中で遊びすぎて、5針縫うケガをした。学校の給食は数分で食べ終わり、ダッシュで校庭に飛び出し、友だちと遊んだ。

自分が人よりもハマりやすいと気づいたのは、中学ぐらいだ。

一度楽しいと感じた遊びは、とことん遊び尽くす。一緒に遊んでいた仲間が飽きてきても、僕が楽しければいいので、ひとりでも遊び倒した。

中1のとき、パソコンに出会った。完全にリミッターが外れた。

24時間、触っていたかった。プログラミングを自分で覚えて、お金を稼ぐようになった。そしてインターネットを知り、後に起業を果たした。

僕がインターネットのビジネスで成功したのは、他の人よりも知識が高かったからではない。他の人よりも徹底的にハマり、遊び尽くしたからだ。

僕よりパソコン好きな人はたくさんいたと思うけれど、僕ぐらいハマった人は、ごく少数だと思う。昔よく、なぜ堀江さんは会社を大きくできたのですか？　と聞かれたが、「ビジネスにハマッた」からです、としか答えようがなかった。

普通の人は、遊びをビジネスなど、新しい展開へつなげる前に、やめてしまう。親に止められたり、受験勉強に追われたり、理由はあるかもしれないが、そんなもの気にしないで、やり尽くせばいいのだ。ブレーキのことなど、考えなくていいのだ。

儲けられるかもしれないという下心で、遊びを始めても意味はない。お金儲けが先に立てば、辛いことが多すぎる。また運良く儲けられれば、そこで興味は尽きる。どっちにしても長続きしない。

徹底的に、好きなことを好きなだけ、何も考えず、遊び尽くすことだ。

そうすれば遊びの向こうに、もっと興奮できる何かを見つけられる。

サボれる家族サービスはサボれ

結婚はしないでいいと、何度も述べている。

相手が好きで、心の底から愛し続けたい気持ちの証明を持ちたいなら、いまどき婚姻関係を結ぶ必要はない。子どもがほしいなら結婚しなくても、事実婚で充分だ。

パートナーシップや家族愛を否定しているわけではない。結婚が明確な希望だったら、そうすればいいだろう。

ただ、結婚すれば何があっても大丈夫とか、不安がなくなるという一般論は、刷りこみの幻想だと、僕はしつこく述べていきたい。

なぜ結婚するのか？　ひとりじゃない未来の安心感を得られるから、と言われる。

ひとりよりふたり、子どももいて3人以上の家族と一緒であれば、どんなトラブルも乗り越えられると思える。味方になってくれる人が、自分の家のなかにいて、チームの「仲間」としての関係を、法的に保証され続ける安心感は、たしかに想像しやすいのだろう。

けれど、と僕は思う。

ひとりの未来は、リスキーだという思考設計が基にあるようだが……なぜだろう？

ひとりの方が、年齢や仕事のステージに応じて、気の合う仲間を見つけやすい。また管理すべき人生がひとり分で済むので、逆に安全だ。

そもそも論だが、未来のことなんて考えて、楽しいのだろうか？

僕は未来なんか見ていない。考えない。

いまを一生懸命生きるスタンスを、貫いている。

未来を予測しようとか、安全なものにしていこうと行動することに、何もメリットはない。あるのだったら、教えてほしい。

未来を想像して、いいことありますか？

こう聞いて、いまのところ僕が納得する答えをくれた人は、ひとりもいない。

30歳ぐらいで結婚して40歳の前に家を買い、50代で子どもの結婚式を挙げさせる、などの未来計画は、人によっては楽しく幸せなのだろう。

だが、その通りには進まないのが人生だ。未来計画が楽観的すぎると、うまくいかないときの落胆は大きくなる。

行き当たりばったりが、いちばん刺激的で、幸せではないか。

いまこの瞬間だけを考え、走り続けながら、やりたいことをやる。

明日、想像していたとおりの安全な未来が訪れたとしても、僕はちっとも楽しくない。想像どおり、安心感だらけの人生は、つまらないものだ。

長期的予想を善とする一般的な思考は、日本人が農耕経済に縛られていた時代の名残だろう。

農耕は作物を生育させるために、長期予測が整っていなければならなかった。

その経済システムを支えるために戸籍制度や一夫一婦制度などが必要で、次第に結婚の効力が強化されていった。

平成の前半ぐらいまでの時代は、それで良かっただろう。だが令和を迎えた現在、フェーズはＩＴ革命からＡＩ革命に、本格的に移行しようとしている。農耕経済に根ざした常識で物事を考えていてはダメだ。反対に、リスクが高すぎる。

未来思考を捨て、結婚の縛りから解かれよう。

家族の幸せをデザインする方法を、結婚しないでも模索できる、便利な時代なのだ。

休日の家族サービスは、特に必要ない。

常日頃から、いまに集中して、充実して生きよう。

それが家族みんなの幸せだ。

わざわざ休日の時間に限り、子どもたちと楽しい思い出をつくろうなんて、それこそ幸せではない。好きなときに、好きなことをしていればいいのだ。

お金よりはるかに貴重なもの、それは時間だ。
時間こそが価値を、成功を、幸福を生む。
賢者は世界の真実を知っている。
思考しろ。信じろ。そして勝者の循環に加われ。

Phase3 時間革命

金で買える時間はすべて買え

困ったら借りろ

僕は最初の起業資金の600万円を、人から借りた。

実業家としてのスタートは、まとまった額の借金からのスタートだったのだ。

当時は23歳の東大生。何の実績もない若者が背負う金額としては、けっこうな大金だ。普通の若者なら躊躇すると思う。周りからは、自己資金を少しでも貯めてから、起業しなさいとアドバイスされるかもしれない。

でも、僕は少しも怖じ気づかなかった。

やりたいことを始めるのに、興奮しまくっていた。

インターネットビジネスの無限大の可能性に、ワクワクしていた。

起業直後、IT革命の巨大なムーブメントに乗り、僕は若手起業家として成功の階段を駆け上っていった。

600万円の借金は大金だったが、数年で、その10倍以上ものお金を動かせるようになった。借りたお金は、1年ほどで完済できた。

借金を後悔したことは、一度もない。

借金したお陰で、僕は当時の若者のほとんどが見たことのない景色を見て、素晴らしい体験を得ることができた。

借金は、決してネガティブなものではないのだ。

お金を借りる行為は、本気でやりたいことを持ち、大胆に挑む勇気を発揮できた者に許される勲章だ。

もしやりたいこと、本気で欲しいものがあるなら、お金を借りて、願いを叶えてほしい。お金を用意している間に好機を逃したら無意味だ。

短縮すべきは、願いのサイズではない。時間だ。

スピーディな行動にお金が役立つなら、遠慮なく借りまくっていい。

最初に起業したときの僕が、もし自分で600万円を用意しようとしたならば、

1年ぐらいはかかったと思う。その1年の遅れで、僕はIT革命にもインターネットバブルにも乗れなかったかもしれないし、同世代の面白いビジネスマンたちとの出会いのチャンスも逃していた。

困ったら借りろ！　プライドなんか捨てて頭を下げまくれ！　それが、好機をつかみとるための原則だ。

借金はいけないこと、できればやめた方がいいという風潮は、大いに問題だ。「貯金は美徳」の常識と真裏でつながっている、おかしな風潮だと思う。

借金は、怖いものではない。

お金を借りたい人と、お金を貸したい人との相互扶助システムが進化してきたいま、借金のリスクはいくらでも軽減できる。まず借金先に、銀行を選ぶ必要はない。審査機能が怪しい銀行などから、お金を借りるメリットは特にないと思う。ソーシャルレンディングやクラウドファンディングなど、資金のない人が他人からお金を借りてビジネスを始める方法だって、たくさんある。シェアエコノミーを利用して、経費も減らせるはずだ。

中国の華僑のグループでは、若手の後輩などが料理店を開くとき、先に成功した先輩がお金を貸すという。見定めるのは、料理の味。美味しいかどうかが、金を貸す基準になるそうだ。

経営手腕よりも人間関係、サービスの質が総合的にジャッジされる。ある意味で、フェアなシステムだろう。日本に古くからある「無尽《むじん》」に通じるそのシステムが、富裕層の間では、今も昔も主流となっている。

若いうちは、投資のレバレッジを、いくらでも効かせられるのだ。

お金がない？　だったら借りればいい。それが正解だ。

ただし消費者金融は論外だ。高利息すぎるし、レバレッジを効かせられる対象ではない。借りる先は、しっかり吟味しよう。

財布は落として構わない

僕は財布を持ち歩かない。なぜなら、無くすからだ。

自慢にはならないが、僕はこれまで自分の財布を10個以上、無くしている。いや、もっとあったかも……会食の席に置き忘れてしまったり、うっかり落としてしまったり、無くすパターンはさまざまだ。

財布を無くした場合、気づくのは無くした直後ではなく、次にお金を使うときだ。ひどいときは、次の日だったりする。

それぐらい財布に、注意を払っていなかった。

財布を無くすと、やっちゃった！ と、そのときは慌てたりするけど、すぐ

「まあいいか」と思う。反省したりはしない。財布に入っている現金は多くても5～6万ほどだ。被害届を出すほどでもない。

カード類はすぐ止めれば問題なし。他に個人情報の入っている物は何も入れていない。財布を無くしたからといって、特に困ったことは一度もないのだ。だから10個以上も、平気で無くしてしまう。

財布自体には何も愛着がない。愛着どころか、財布を持つ所有感が、煩わしかった。

何か買うときに、現金を取り出すタイムラグも鬱陶しかった。

現金のやりとりの間、おつり計算などで待たされる数秒も、イライラした。

わずか数秒とはいえ、積もり積もればかなりの時間になるだろう。

ごちゃごちゃと、小銭をたくさん渡されるのも嫌だった。若い頃はお札で買い物をした場合は、おつりを全部、レジ横の募金箱に入れていた。しかし高速道路のサービスエリアや、露天の屋台などは募金箱がない。仕方なく自宅まで釣り銭を持ち帰り、貯金箱に入れていた。そのまま使うことはなく、自宅に小銭がぎっしり詰まった貯金箱が、どんどん増えるという、わけのわからない事態に陥っていた。

……なんで人は、財布なんか大事に使っているのだろう？

現金なんか持たなくても、お金のやりとりはできる技術が、社会には備わっている。なんでこんなかさばるものを、いい大人が持ち歩かなくてはいけないのか。疑問が消えず、財布を持つのが億劫になっていった。

そして30代になって、財布を持つのを、ぱったりやめた。

以降は、とても快適だ。

財布の代わりに、マネークリップにお札とカードを挟んで持ち、ポケットに入れるというスタイルに変えた。マネークリップだと、お札が生で見えるから、すぐにしまうクセがついた。無造作にテーブルに置き忘れることは、なくなった。

僕はいま、お金の支払いは、カードか電子マネーで処理する。近年は電子マネーで紐づいた決済手段が、各社どんどん便利になって、ありがたい限りだ。

このまま一気にキャッシュレス社会に変わってほしいが、日本では現金信仰が根強い。いまだに現金決済のみのレストランが多く、露天商など、ほとんどカード決済は無理だ。僕は仕方なく、お金を引き下ろすこともある。ATMに並ぶ時間は、人生で最も無駄な時間のひとつだろう。

ふだん持ち歩くのはスマホ以外では、自動車運転免許証、小型船舶操縦士免許証、健康保険証、クレジットカード3枚、キャッシュカード2枚、ＰＡＳＭＯと少しの現金。これだけで充分だ。買い物も食事も不自由はない。

何十万円もする開運財布を自慢げに持っている人がいるけれど、バカげている。新しい財布を、次々に買い換えれば、金運が上がる……などという説も、大嘘だ。財布がない方が、キャッシュレスのシステムを利用する知識が得られる。何より、お札や小銭には、ほとんど実質的な効力はないことが、実感として学べるだろう。

財布は、現金でのやりとりに縛られている、思考停止の象徴だ。

もし大事な財布を無くして落ちこんでいるときは、キャッシュレス生活のきっかけになる！　と前向きに考えてみよう。

掃除・洗濯はするな

共働き夫婦の家事の分担は、たびたび家庭内のトラブルの元となっている。夫が家事を一切やろうとしない妻側の不満、手伝っているのに妻に口うるさく言われる夫のイライラなど、さまざまな衝突の例を見受ける。なぜトラブルになるのか？　僕にはよくわからない。家事代行業者に頼めば、簡単に解決すると思うのだが……。

過去にマンションを借りていた頃、何度か業者の人を使い、掃除と洗濯に来てもらっていた。とても便利で、快適だった。

掃除や洗濯は、なかなか大変な仕事だ。ただ掃除機をかけるだけでは埃が残る。

床を拭くにしても、フロアの素材によって、使う洗剤に注意しなくていけない。窓ガラス、トイレ、玄関と場所ごとに使う器具も変わるだろう。掃除で出たゴミは、収集日ごとに仕分けする必要がある。

洗濯も、面倒だ。全自動洗濯機に、ドカッと放りこめば済むという話ではない。父親と一緒に下着を洗ってほしくない娘もいるだろうし、家族によってはダウニーなど芳香剤にこだわりもある。洗濯が終わったら、取りこんで畳む作業が残っている。

洗濯物を洗い、畳むところまで可能にした家電の開発は進んでいるが、一般家庭で使えるようになるには、まだ時間がかかりそうだ。

料理は、さらに難易度が上がる。

世の男たちは、家事なんて会社の仕事に比べたら楽なものだ！　専業主婦は完璧にできて当たり前！　などと思っているだろうが、大きな間違いだ。

完璧にやることはできるけれど、実際は、かなりの報酬を払わないとやっていられない仕事だ。

そんな大変な仕事を、夫婦で引き受けることはない。共働きなら、なおさらだ。

家事がぜんぜん苦にならないという人は別にして、外注してしまったらいいと思う。

家事代行業者を使うのに抵抗がある人たちの理由は、大きくふたつだ。

ひとつは価格。家事代行を手がけるサービス会社はたくさんある。現在は、平均して1時間2〜3千円台が相場のようだ。その出費より自分たちでやってしまった方が安上がりだという。

本当に、そうだろうか？　利用経験のある僕の実感としては、普通の専業主婦よりプロの業者の方が断然、全体のコストは安く、家事のレベルも高かった。お金を払っているぶん、「次はこうしてほしい」と要求も出しやすかった。それはけっこう大きな利点ではないだろうか。家事をめぐる夫婦ゲンカはたいてい、妻や夫に要求をぶつけ、言い合いになるのが原因となっている。

出費は、大したものではない。夫婦ゲンカの元を断てるなら安いものだ。それに家事を任せたぶんの時間で、もっと稼げるようになるだろう。

業者を使いたくないもうひとつの理由は、家のなかに他人を入れたくないから。実は使いたくない側の意見の大半だろう。

テクノロジーは進んだのに、人々はコンサバティブなままだ。実利ではなく、生理的な感覚で嫌がっている。中古車は嫌だとか、古着を着たくない人と同じ心理だと思う。

シェアエコノミーが急進しているこの時代に、デリケートすぎるのではないか。少しの出費と業者のサポートで、清潔かつ快適な生活を過ごせるのに……家事などで無駄な労力と時間を費やすことはない。

家に人を入れたくないのは、縄張り意識というか、所有欲のひとつだ。そんなものにとらわれず、他人の手を借り、楽してほしい。

家事は代行業者に任せて、自分は好きなことに時間を使おう。そうすれば代行業者のマーケットも広がり、雇用創出の一助にもなる。世の中には「掃除洗濯料理が、めちゃくちゃ好き！」という人もいるのだ。そういう人たちにアウトソーシングするのが、賢いライフスタイルだと思う。

田舎を出ろ

僕は高校時代の早いうちに、東京へ行くと決めた。

日本の中心は、東京だ。政治も経済も文化も、東京が発信地となっている。面白い人や、刺激的な情報を持っている人の割合は、地方とは比べものにならない。可愛い女の子の数も、いちばん多い都市だろう。

高校を出てから地元の福岡県八女市に留まる選択肢は、全然なかった。進学先は、東京大学を志望した。

私立大の入学金を両親が出してくれる期待は持てなかった。一橋大は、僕の地元では知名度の点で劣った。

親が学費を快く出して、東京へ送り出してくれる大学は、東京大学しかなかった。赤門に憧れていたから受験したわけではないのだ。

日本最難関、最高学府への入学は魅力のひとつではあった。でも、あくまで主たる目的は日本の中心地で生きていくことだった。もし東大に合格していなくても、当時の僕は何らかの工夫をして、東京に出ていたと思う。

とにかく受験勉強の集中に成功して、現役合格をつかめた。

進学で地元を離れることに、寂しさはこれっぽっちもなかった。

親と暮らす時間、地元の八女市での生活、高校までの同級生たちとの繋がり……無駄だったとは言わないけれど、それらに愛着はない。捨てても構わない、単なる過ぎ去った景色たちだ。

生まれた町を出ずに成人して、老いるまで地元に縛られ、家族など古い人間関係に悩んでいる人を見たりすると、気の毒だなと思う。

捨てるなら、若いうちがいい。大学進学は、僕にはベストなタイミングだった。

田舎で暮らし続けるメリットは、何だろう。

落ち着くから、シンプルに大好きだから！　という人がいる。

好きな街に暮らしたいのはわかる。だったら地元じゃなくても、他に好きになれる街は、あるんじゃないの？　と思う。

揚げ足をとるわけでないが、たくさんの街で暮らした経験のあと、田舎の地元を選ぶのは理屈に合うけれど、一度も田舎を出ないで、田舎最高！　というのは、いかがなものだろう。

僕の見た感じで、田舎愛の強い人ほど「東京は暮らしづらい」「東京に幸せはない」と言っているような気がする。住んでから言えばいいのに、と思う。

都会での質のいい仕事や賃金が、幸せを保証するものではない。

だが、心身ともに田舎暮らしに縛られて、自分に合う環境と出会えるチャンスを逃すのは、間違いなく不幸だと思う。

田舎を捨てられない人に、聞いてみたい。

田舎を愛しているのではなく、実は親や家にしがみつかれているだけではないか？

多くの親は、古い価値観や常識で頭が固まっていて、精度の低い情報に振り回されている。

特に田舎に暮らすITリテラシーの低い親は最悪だ。主な情報源はテレビ。新聞に書いてあることが全部、真実だと思いこんでいる。彼らの頭で考える指摘や判断は、子どもにとってはだいたい害悪になる。

親は、子どもを縛り、言うことを聞かせるのが役割なのだ。困ったとき、親に相談してうまく解決した……などという例は、まず聞いたことがない。

親への愛を否定するつもりはない。しかし実の親は、チャンスを得るための有用なアドバイスを得る相手としては、まったく信用できないと、認識してほしい。

大人になったら、なるべく距離を置き、やりたいことをやろう。

田舎は、「遠きにありて思うもの」だ。距離を取って暮らすのが、ほどよい助け合いを維持する秘訣だ。

人に任せろ

最も大切な資源は、時間だ。その次に大事なのは、やはり人だ。

うまくいっている会社は、商売上手であると同時に、優れた人が集まってくる環境の整備ができている。

どんなに勝ち目のプランがあっても、優れた人がサポートしてくれなければ、ビジネスは成功しないのだ。

僕はプログラムはできるし、お金の管理も人並み以上にできる。

ビジネスマンとしての能力は、高い部類に入るかもしれないが、もっと出来のいいビジネスマンは、身近に何人もいる。自分はまだまだだなぁ……と、たびたび感じる。

仕事のすべてを自分で回そうとは、考えない。

もしかしたら自分でやってしまった方がスピーディに解決できる場合もあるが、僕は自分の時間の最適化を優先したい。他人に任せられる仕事は、他人の手を頼りまくる。人に任せたぶん、別の新しいことに時間を注ぎたい。それで手柄が他人に取られるのも全然OKだ。

人を使うことは、他人の雇用を創出して、感謝も受け取れる。

悪いことは、ひとつもないのだ。

ビジネスの成功者はみんな、人づかいが巧みだ。

プライドを捨て、できない自分をさらけだし、人の手を平気で借りられる。そして周囲に、優れた人がどんどん集まってくる。

ビジネスマンとしてのスペックが低い経営者ほど、実は人を使うのが上手い。

人に頼りまくっているうちに、気づいたら資産家になっているような例は、けっこう多いのだ。

人の手を借りられないという人には、2パターンある。

ひとつは自分でやった方がうまくいくと思いこんでいる人、もうひとつは他人と手柄をシェアしたくない欲張りだ。どちらも間違ったこだわりだ。

自分より仕事をうまくやれる人は、いくらでもいる。手柄は分け合ってこそ、大きな評価を得られる。

ひとりで何でもやろうとしてはいけない。お金を効果的に用い、優れた人を使う選択を持ってほしい。

協調性が大事だと言っているわけではない。

やりたいことをよりスムーズに、大きなレベルで進めていくには、人を使うスキルが高い方が効率的ということだ。

僕が最初に起業したときは、日本のWebプログラミングのパイオニアだった小飼弾《こがいだん》さんほか、IT界のカリスマ的な人材を、何人も会社に招聘《しょうへい》した。彼らに認められたい、若くて有望な技術者たちが集まり、事業は急速に拡大した。

優れたメンバーが集まったお陰で、僕がやっていた大半の雑務を任せられた。

好調な部門には、ほとんど口出ししなかった。

出したとしても、その部門のつくるサービスのヘビーユーザーになった視点で「もっとこうしたら？」という、具体的なアイディアが出せる。いい意味で、距離を取っているからだ。客観的な改善点を察知する意味でも、人に任せることは大事だ。

人を使うときは、要所だけ決めて、変にならない限り干渉せず、丸投げに徹する。それがうまく回っていけば、いい人材によって、自然に仕事の質は上がる。自分のやりたいことをやれる時間と機会が、加速度的に増えていくのだ。

ライブドア事件後、せっかく集めた技術者チームが使えなくなったのは、苦い思い出だ。創業から会社が有名になるまで、彼らを獲得する行程が最も大変だった。僕の思い描く事業を、最速で形にしてくれる素晴らしい人材が集まっていたのに……。

あのメンバーの多くがＬＩＮＥに行った。爆発的に普及する、強いサービスになるはずだ。現代の通信手段の覇権を、ほぼ獲ってしまったと言える。

やはり優秀な人は、大きな財産だ。

僕が過去に失って唯一、後悔したものかもしれない。

高くても都心に住め

通勤のため毎朝、満員電車に乗っている人の気持ちがわからない。

会社へ通うために仕方ないというけれど、なぜわざわざ勤め先から遠いところに住んでいるのだろう？　〝職住近接〟という考え方があるように、職場の近くに住むのが最も効率的だ。

会社が銀座や六本木など、家賃の高いところにあるので、部屋が借りられない、という意見もあるだろう。そんなことはない。多少狭いが、4万～5万円ぐらいで借りられる空き部屋は、探せば必ず残っている。結局、多少の通勤のストレスと引き替えに、もらっている給料と釣り合う、まあまあ快適で広い部屋に住みたいのだと思う。

わからないでもないけれど、僕は「通勤に往復2時間かかる場合、給料が20%低くなるのと一緒」と考えている。

きちんとデータに取ったわけではないのだけど、いろんな人から話を聞いて、体感的に、ほぼ間違いない数字だ。

2時間、満員電車で通勤している年収400万円のサラリーマンは、〝職住近接〟をしていれば、500万円以上を稼ぐポテンシャルを持っているのだ。

通勤時間のストレスが、本当の稼ぎを引き下げてしまっている。

どうしても広く快適な部屋に住みたいというなら、〝職住近接〟を実践して、よりたくさん稼ぎ、都心で高級マンションを借りられるよう頑張ればいいのではないか。

満員電車の通勤ストレスは、不可避のストレスではないのだ。

少しの毎月のプラス出費で、簡単に解消できる。

その出費がもったいない、引っ越しが面倒くさい……というような人は、単に思考停止しているだけか、満員電車のストレスが大好きという、不思議な人なのだろう。

イギリスの研究によると、満員電車に乗っているストレスは、戦場の最前線の兵士が抱える精神的負荷と、ほぼ同じなのだそうだ。そんな苛烈な負荷に耐えられるほど、快適で素晴らしい家に、みんな住んでいるのだろうか？

わずか数万円ほど家賃を頑張るだけで、命まで削られそうな戦場級のストレスを、きれいに消せるなら安いものではないだろうか。

金を出せばすべてのストレスが解決できるわけではないが、金で解決できるようなレベルのストレスは、すすんで解決していこう。

そうしなければ、いつまでもストレスが身にまとわりついて、自由な行動の妨げになる。別のストレスを呼びこむ誘因にもなるはずだ。

僕は、国内の移動では、ほとんど電車に乗らない。起業した直後は経費節約で、電車移動が中心だったけれど、ある年長の人に言われた。

「移動は、タクシーを利用しなさい。タクシー代をケチるような仕事はするな。もし君の仕事が、時給換算してタクシーに乗れないような稼ぎだったら、その仕事に価値はない」

その言葉のとおりだ。

僕は移動費をケチることで、時間という最大の資源を、無駄遣いしてしまっていた。

電車に乗る時間があるくらいなら、タクシーに乗って、スマホや取材など社内で仕事をこなすべきだ。年長の人の言葉は、移動中の時間を最適化することで、もっと大きく稼ぎなさい！　という檄でもあったのだろう。

電車に乗るいちばんのストレスは、仕事をする気が減退することだ。

スマホもパソコンも使おうと思えば使えるけれど、いろんな人が疲れ果てた顔で乗り合わせている、あの環境で仕事をこなす気持ちを維持するのは、かなり難しい。満員電車ならそもそも、スマホを見ることもできないだろう。

より質よく、多く稼ぐために、移動や住まいには、あえてお金をかけよう。

タクシーを使え

もう少しだけタクシーの話をしよう。

移動はまずタクシーを利用しよう。電車利用は、ナシだ。

タクシーのなかでなら、スマホでニュースを読んだり、資料に目を通せる。商談もできる。疲れが溜まったときは仮眠も取れるのだ。

電車に乗っても、できるのでは？　という意見がある。もちろん電車でもスマホを使えば仕事はできるし、座席で眠ることもできる。しかし、質はどうだろうか？

電車でのスマホ利用者はほとんど『ツムツム』『モンハン』『グラブル』などゲ

ームで時間を潰している。周りに他人だらけの狭い空間で、神経を使う仕事が進められるとは考えられない。満員電車なら、なおさらだ。

空いている車内では、パソコンを広げてカタカタとキーボードを打ち、一心不乱に仕事している人もいるらしい。仕事熱心なのはいいが、そこで仕事するの？と思う。

電車内でパソコン仕事するような人が、がんがん稼げる優秀なビジネスマンだとは思えない。

本当に稼いでるビジネスマンには、そもそも電車に乗るという選択肢がないだろう。

また、電車の堅いシートに、浅く腰掛けたまま首を折って眠りこけるのは、なかなか辛い。ぐっすり寝られた！　と爽快に起きられるわけがないと思う。

電車は、休憩する空間には適さない。2時間以上、電車に乗って都内へ通勤するサラリーマンは多いが、始発から寝られたとしても疲労は相当なものではないか。

電車移動は、遅刻のリスクを減らせる。それぐらいしか利点はないと思う。

しかし、道路の渋滞やスケジュールに気をつけてタクシーを使えば、遅刻リスクは解決できる。生粋の乗り鉄で、電車に乗ること自体が大好き！　という人なら結構だが、例外だろう。

電車はやめて、タクシーで移動しよう。

タクシーに乗れるぐらい最低限稼いで、時間を有効に使ってほしい。


とは言うものの、日本でのタクシー利用は、問題がしばしば起きるので困る。あまりにもレベルの低いタクシー運転手が原因だ。

僕はタクシーに乗る回数が普通の人より多いので、ダメなドライバーに当たる確率が比較的高い。乗車拒否は、まだいい方で（まず違法なのだけど）、本当にひどいドライバーの車に乗ってしまうと、神経がおかしくなる。

年配のタクシー運転手は、カーナビが使えない。いちいち道を聞いてくるので、腹が立つ。景気とか政治とか、くだらない話をぐだぐだ話しかけてくるのも最悪だ。スマホで仕事や用事を済ませたいから、タクシーに乗っているのに……邪魔されたら意味がない。

口臭や加齢臭がひどかったり、運転が変に乱暴だったり、行き先を間違えるドライバーにも参ってしまう。お金を払って乗っているのに、不愉快にさせられるのは違うだろう！　と怒鳴りたくなる。

個人的な印象だが、大阪のドライバーは特にひどい。コンラッドホテルの行き先を知らない、なのにグーグルマップを調べようともしない、というかスマホが使えないドライバーばかり……もう辞めてしまえ！と思う。

以前、あまりにひどい態度のドライバーと車中で大げんかになった。なぜかその場で警察を呼ばれてしまい、頭にきた僕はケンカの様子をSNSで晒してやった。

タクシーは免許制で守られているので、質の悪いドライバーの蔓延を許している。日本にも早く、運転手格付けシステムを採り入れたUberXの参入を願いたい。

能力を高める努力をせず、お客さんに迷惑をかけても平然としているようなタクシー運転手は即刻、職を奪うべきだ。

僕の発信力でなら、多少なりとも現状は変えていけると思うので、煙たがられても言い続けていく。

行列に並ぶバカになるな

先日、ふと新横浜の駅のＡＴＭで大行列を見た。パッと見たところ、数十人はいただろう。

日付けは月末の25日。みんな仕事上の支払いや家賃の振り込みのために、並んでいるのだと思う。

不思議なのは、すぐ近くの地方銀行のＡＴＭには、誰も並んでいなかったことだ。何メートルもの長い行列のＡＴＭと、無人のＡＴＭが隣接しているのは異様な光景だった。無人の方にいけば、さっさと用事はすむのに……。

手数料を気にしているのかもしれないが、数百円の違いのはずだ。

そのぐらいの金額のために数十分、下手すれば1時間ほどの長い行列を並ぼうなんて、どうかしている。


僕にはATMを使う意味が、わからない。

現金のやりとりが面倒くさいとは、感じないのだろうか?

だいいちATMは、後ろに並んでいる人に暗証番号を盗み見られていたり、スキミングの違法装置が取りつけられている可能性がある。ATMの利用者はたいてい、まとまった現金を持っているわけだから、列を離れた瞬間、強盗に襲われることだってありえるだろう。

安全な日本社会に住んでいるから、そんな心配はないといわれるかもしれないが、根本的なリスクの話だ。現金は、誰にでも狙われやすい。

お金は大切だ、などと普段から言っているような人たちが、平気でATMの行列に並び、万札で膨らんだ現金の封筒を持ち歩いている。

僕からしたら、大切なお金なのになんて乱暴に扱うのだろうと、不安に思ってしまう。


振込先の関係で、どうにもならないのかもしれないが、現金を介さずにすべての振込作業ができる社会に、早く移行してほしい。

ほとんどの場合、カード決済やオンライン処理で済ませられるはずだ。その方が手数料はかからないし、ポイントもつくので、お得だ。人が行列に並ぶ、無駄すぎる時間も取られない。

月末になるとATMに並ぶ人たちの行列は、お金に執着している現代人の映し姿だと、僕は思っている。

コストパフォーマンスが悪いとわかっているのに、コストを支払っている。そのくせ「お金がない」「足りない」「儲からない」などと嘆いている。

お金の利便性と強さを盲信しすぎて、お金へのいびつな執着を生んでいるのだ。執着は、お金の本質を見抜くための思考を遮っている。そして少しの損を回避する（気がする）ために、貴重な時間を捨て、行列に黙々と並んでいるのだろう。

お金はこの世界に、余っている。

ニュースでは日本の借金の増大や、国庫が面している危機が報じられているが、それが個人レベルにどう影響するのか、理解できる人はほとんどいない。

市場全体で考えるなら、現代ほどお金がジャブジャブ余っている時代は、珍しい。余りまくったせいで、お金の価値は下がっている。

従来のお金になり代わる経済指標を、いかに確立していくべきか、経済学者をはじめ政府機関でも模索を始めている。仮想通貨は、その試みの一端と言えるだろう。

大きな話になったが、要は現金に執着している意味なんか、ほとんどなくなっている時代になっていることを、きちんと知ってほしい。

お金の価値は下落中で、上がり目は当分ないだろう。

お金よりはるかに貴重な資産は時間だ。

時間を有益に、成熟した使い道をしていける者が、評価される。結果的に経済的な成功者以上の見返りを得られるのだ。

わずかの手数料にとらわれ、行列に並ぶような愚行は、きっぱりやめよう。

神は細部に宿る。ドイツの建築家ローエの言葉だ。ひとりの人間にも同じことが言える。日常の些細な振る舞い、身なり、習慣、思考。貧乏根性は掃いて捨てろ。縮こまらず豪快に生きろ。

Phase4 習慣革命

チンケな節約をやめろ

昼から迷わずうな重を食え

起業後、社長になってからは、酒食にはお金を惜しまなかった。

多少の資産を持つようになっても、貴金属や不動産を買ったりせず、もっぱら美味しいお酒と料理を味わうのに消費した。

海外旅行で、お金を使う大部分は、現地のグルメだ。土産などは、ほとんど買わない。日本料理から世界各地、数えきれないほど、最高のレストランで食べてきた。

あまり人に自慢するようなものはないのだけれど、美食に関しては、一般的なグルメ通より、だいぶ詳しいと自負している。

僕がそこに浪費をいとわないのは、純粋に美味しいものが好きだから。

もうひとつは、人生を楽しくする投資として、リターンが良いからだ。

食は文化であり、歴史を知ることができる。例えば中国で料理技術が発展したのは、中国皇帝の権勢の顕示欲が背景となっているとか、日本での発酵食品の発達には、湿度の高い国土で保存の利く料理をつくりだす必要があったからなど、料理と歴史は密接に関わっている。

美味しいものを突きつめていけば、歴オタの道にも通じるのだ。

ワインや日本酒など各国のお酒の歴史や蘊蓄も、ずいぶん学べた。これらは後に小説を書くのにも役立っている。

酒食にお金を費やすことで得られる一番のものは、幅広い人間関係だ。

美食の場には、経済的な成功者が集まっている。彼らとの新鮮で刺激的な会話も、ご馳走だ。

またグルメ好きは、分野の垣根を越える。仕事しているだけでは出会えない、各界の著名人やタレント、インフルエンサーと知り合えるのが面白い。

僕は毎晩のように、彼らと酒席を囲み、魅力的な情報を教えてもらい、しばしば熱いディスカッションを交わしている。

新しい発想が生まれ、ビジネスを立ち上げる機会にもなる。TERIYAKIアプリや、WAGYUMAFIAの活動は、酒食にお金を投じた長年の経験の賜物だ。

「起業するためにお金を貯めています！」といって、食事はすべて吉牛かマクドナルドで済ませている若者がいる。吉牛もマクドナルドも別に不味くはないが、あまり推奨できるスタイルではない。

食には、ケチらずお金を注ぎこむべきだ。投じた以上の機会創出と、知識を満たすリターンが得られる。そして何より、あなたのブランド価値を高める。

安くてそこそこ腹を満たせる、ひとりメシを続けていると、その回数ぶん、ライフステージを上げるチャンスを失っているのだと気づいてほしい。

僕は、ランチではうな重を食え！　と言いたい。

それもチェーン店の数百円のうな重ではなく、浅草や日本橋など、老舗店のうな重を食べてほしい。5千円以上するが、その金額ぶんの学習代金だ。

ランチに老舗のうな重を食べられる人たちは、まずお金持ちだ。会話のレベルも高い。そういう人たちに囲まれる環境に身を置けば、思いがけない出会いのチャンスが増える。

「ランチに、名店のうな重食べてるの？」「面白いヤツだ。別の店にも連れてってやるよ」など、声を掛けられるようになるだろう。


5千円のうな重を食べる、それ自体が情報のシャワーだ。

このご時世に、なぜ一食に5千円もの値段がついているのか？　味を維持する方法とは？　経営がどうやって回っているのか？　情報を集めて、知りたくなるだろう。

高額のランチは、外食産業の構造を考えるのに、格好の機会となる。舌を通して考えるので、思考はより深まり、学びの質も上がるだろう。

うな重を食べるには、健康であることも大事だ。体調のバロメーターとしても、役に立つ。美食への出費は、いいことづくめなのだ。

スマホは最高スペックにこだわれ

僕が小さかった頃、家の周りには遊具がなかった。整った公園もなかった。近所ですべり台や砂遊びをしたという記憶が、あまりない。自然が豊かなのはいいけれど、40年ほど前の福岡県八女市には、子どもの好奇心を満たすような娯楽が限られていた。

小学校に通う前は、家にある百科事典を、ひたすら読んでいた。親を含めて周りに知的な大人がひとりもいなかったのもあるが、僕の好奇心を満たしたのは、未知の情報だった。

百科事典を読みふける子ども時代の読書体験は、情報を浴びる原体験だ。

幼稚園ぐらいから、知的好奇心がひと一倍、強い性格だった。情報の価値を先んじて感じ取っていたわけではない。知らないことを知りたい。原始的な欲求で、いっぱいだった。

知らないことを知れば、世界は広くなり、やりたいことも増えていく。情報を獲得し続けなければ、得られない感覚だ。

情報によって、自分の視界が拓けていく喜びに、子どもの頃から夢中になった。中学生でパソコンにハマり、知的好奇心はさらに爆発していく。

僕がいま10代だったら、間違いなくスマホジャンキーになっていただろう。

近年「スマホを使えば使うほど学力が破壊されてしまう」という説が問われている。

海外の大学などで、研究データにもまとめられている。スマホの長時間使用で、子どもたちの偏差値は大幅に下がり、精神的にも悪い影響が出るのだとか。若者のうつ病の発生には、スマホの長時間利用が影響しているという発表もある。

データ自体は、否定も肯定もしない。けれど「悪影響だから子どもたちにスマホは禁止!」とさけぶのは、非常に短絡的だと思う。

スマホ利用で悪い影響があるのは、間違いなく使い方だ。スマホに罪はない。大人たちはまず、このツールを有益に使うための正しい教養を与えなくてはダメだ。スマホを禁止しても、子どもの学力は上がらない。

漫画ばかり読んでいても東大へ入る学生が多いように、学ぶ子は放っておいても勝手に学び、賢くなるのだ。ツールの方を制限するのは、悪手だと思う。意欲的な子どもの知的好奇心を満たすのに、スマホはなくてはならない。

スマホなんかなくても良い情報や出会いは得られる、という意見も間違いではない。だが、スマホがあればもっと便利にできますよ、と普通のことを教えるのが、賢い大人ではないか。

使いたい放題、使わせればいい。周りが変に邪魔しないことだ。

昔は、漫画を読んだらバカになる、テレビは勉強の邪魔になると、口酸っぱく言われた。勉強しなくなるからと、親にパソコンを捨てられたこともある。

好きなことを、何度となく封じられてきた。

けれど結局、大人になって役に立ったのはパソコンの知識であり、テレビやマンガで培った感性だった。

楽しいことのネガティブな面しか見られない、親や教師の意見に従っても、いいことはないのだ。スマホは好きなだけ使いまくっていい！　と強く述べておこう。


できれば格安スマホではなく、大手キャリアの回線を使ってほしい。

格安スマホは設定が面倒だし、使用制限もある。

大事な情報入手のツールを、安く済ませようという意識では、入ってくる情報の質も比例して低くなりがちだ。

情報こそが、あなたの価値の源泉だ。

値段ではなく、常に最新で、最高スペックのスマホを選ぼう。

ジムに行け

ぐっすり眠って起きた朝は、用事が入っていなければジムでトレーニングする。ランニングやスイム、キックボクシングなど、そのときの気分によって種目を選び、汗を流す。海外旅行でも、ホテルのジムを使ったり、自分用のランニングウェアに着替えて、周辺を走ったりしている。

20代から、ずっと変わらない習慣だ。

いや、習慣というと、しっくりこない。僕にとっては、やらなくてはいけないことのひとつとなっている。

主な目的は、体型維持だ。

体力をつけるとか、健康促進のためではない。

健康促進と運動は、それほど相関がないように思っている。精神的ストレスとかの方が、健康には重要に関わっていると思う。

あまり運動しなくても体型を維持できる体質だったら、運動なんかしたくない。ランニングは、嫌々ながらやっている。エネルギーを消費するために走る、それだけだ。

とはいえ長年、運動を続けてきた成果か、人からは堀江さんの体力は驚異的！だと褒められる。

多動力全開の毎日を過ごしていても、ほとんど疲れない。ビジネスマンのなかでも、僕と一緒のペースで過ごせる人は、わずかだ。ドキュメンタリーなどで密着した取材陣は、早いうちにヘトヘトになって、まず3日以上はついてこられない。

常人よりも優れた体力こそが、僕のコアバリューだ。

ゴルフはもちろん、沢登りや音楽フェスなど、体力を使いまくる遊びも大好きだ。

歳は46歳になるが、20代から体力の衰えは感じていない。セックスも好きなだけ、楽しめている。

タフな体力は、僕のような多動力人生には必須だ。

逆に、僕のように時間を徹底的に最適化したスケジュールを過ごしていれば、それに対応する体力は自然に養える。


近年は、海外のアイアンマンレースにも挑んでいる。ご存じのとおりアイアンマンレースは3・8㎞のスイム、180㎞のバイク、42・195㎞のランをすべてクリアしないとゴールできない。世界一過酷な競技だ。

僕はドイツやアメリカのレースに、チームでエントリーした。

デンマークのコペンハーゲンの大会では、14時間で完走する記録をうちだした。日本の著名人でアイアンマンレースを完走できたのは、安田大サーカスの団長安田さんと元ヤクルトの古田敦也さんぐらいだという。僕の完走タイムの14時間は、古田さんより速かったのだ。


レースへの出場にあたって、僕は装備以外、あまり事前準備はしない。普通に食事して、ビジネスの用事を入れている。

他の一般参加者は、レースのためにトレーニングを積むらしいが、僕はやったことがない。常時の体力で挑んでいる。それでも、完走できるのだ。

レース中は、とても辛い。

何故こんな辛いことをやらなくちゃいけないのか？　と逃げたくなる。

でも折れない心があれば、ゴールへ行ける。それは何にも替えがたい、自信となる。

折れない心を支えるのは、体力だ。

ビジネスでも遊びでも、途中で折れてしまったら、悔しさが残る。自分の決めたゴールを越え、最高の景色を見るために、常日頃から体力はつけておくべきだ。

サラリーマンがジム通いを継続するのは、なかなか難しい。

僕の場合は「近場のジムを使う（泊まっているホテルの施設など）」「美人（または美青年）のトレーナーをつける」「飽きないプログラムを組む」など、いろいろ工夫を組み合わせてモチベーションを保っている。

その工夫も楽しめば、きっとジム通いは続けられるだろう。

思考の筋トレを怠るな

メールマガジンなどで書評を書いているので、新刊の本を定期的に読んでいる。また会食中に、面白い人の本が売れていると聞けば、その場でＡｍａｚｏｎで注文して読む。多忙な起業家たちのなかでは、割とこまめに新しい本を読んでいる方だろう。

２０１１年に長野刑務所へ収監されたときは、スタッフが差しいれてくれる本や雑誌と、ブログやメールマガジンのプリントアウトを読むのが、情報収集の手段だった。子どもの頃から、黙々と量を読むのは苦ではない。科学誌や歴史書、伝記物語などジャンルにこだわらず乱読していた。

収監中は述べ1000冊は読了した。

世間から隔離された〝情報の壁〟を越えるには、読むしかないという事情もあった。地道な読書のお陰で、情弱状態に陥ることなく、獄中からメールマガジン配信など普段の仕事をこなせた。

読書をしていれば、思考の筋肉をキープできる。

分厚い小説や専門書を読まなくても、しっかりした取材に基づいて描かれた漫画でもいい。物語を丁寧に読むことで、思考の筋肉は鍛えられる。

思考の筋肉は、物事を深掘りして、本質を見きわめるのに必要だ。

その深掘りにスピード感が掛け合わせられれば最強だ。

大人になっても思考の筋肉は鍛えられるので、ものを読み続けることを推奨したい。

一方で、思考の筋肉の鍛錬は、読書がベストとは限らない。

いけている人に出会って面白い話を聞いたり、めずらしい場所へ行って面白い体験を重ねれば、脳は活性化される。何より、手っ取り早い。

読書は有益ではあるけれど、時間対効果の点では、あまり優れているとは言えない。情報収集のスピードでは、キュレーションされたニュースメディアを読む方が早い。手段を選べるなら、迷わず体験を優先的に選ぶといいだろう。

僕は読書第一主義ではない。読みたければ読めばいい、程度に考えている。大事なのは思考の筋肉をキープすることだ。

なにも、じっくり時間をかけて読みこむ必要はない。要点を押さえて読む、斜め読みで充分だ。たくさん読んでいるうちに、早く読むコツは身につく。

買った本を、片っ端から流し読み！　それがお薦めだ。

読書は推奨するが、紙の本はいらない派だ。昔はたくさん本を持っていたが、場所を取られるだけで邪魔だった。そもそも2回以上、繰り返して読む本なんて滅多にない。マンガもベストセラー小説も全部、電子書籍でいいと思う。

SNSで、「いずれ本はなくなると言っておきながら、たくさん本を出してるホリエモンはおかしい！」と絡んでくる人がいる。誤解してはいけない。

僕は本がなくなる、とは一度も言っていない。知的アピールをするアイテムとして、本は一定の役割を持ち続けるだろう。自宅の書棚に本をたくさん並べている人は、なんだか賢そうに見える効果は残る。それだけで紙の本は細々と存在し続けると思う。

賢そうに思われたいアピールだけで、本を積《つ》ん読《どく》していたらダメだ。

トマ・ピケティの『21世紀の資本』やユヴァル・ノア・ハラリの『サピエンス全史』など、ビジネスマンの間でもよく売れたが、ちゃんと読了した人は一部だろう。インテリファッションに留めるぐらいなら、その代金を遊びに回した方がリターンがいい。

戦後最大の起業家のひとり、HONDA創業者・本田宗一郎は読書嫌いで有名だった。本を読んでしまうと、書いてある思想にとらわれ、退歩するような気がすると語った。

しかし読む作業を避けていたわけではない。「おれは講談物しか読まない」と言っていた。本嫌いだったかもしれないが、読みたいものは熱中して読んでいたのだろう。

時代の潮流を常に知覚しておくためにも、情報を読む作業を怠ってはいけない。

オシャレに気を配れ

服は着られれば、なんでもよくて、奥さんや恋人が選んできたもので充分……という人は、中年サラリーマンに多い。

僕が大嫌いな、オヤジの思考だ。

前の章でも述べたが、服装を選ばないというのは、思考の機会の放棄だ。

ブランドものにこだわる必要はないが、自分で身につける服ぐらいは、自分の頭で考えて、選んでほしい。TPOを考えたり、若い子にモテようと思ったり、流行を調べたり、頭を使うべきポイントは、いくらでもある。

服装には、思考の量と社会人としてのセンスが、如実に表れるのだ。

竹内一郎さんのベストセラー『人は見た目が9割』（新潮新書）の論は、おおむね正しい。ノンバーバルなコミュニケーションで、人の才覚と力量が測れるのは事実である。

着るものは、全身ファストファッションのセール品で済ませる。別にそれでもいい。ただ、小綺麗で清潔感があり、年齢や体型と似合っているよう、選ぶべきだ。

僕自身、スーツの肩がフケだらけとか、あまりにも似合っていない変な服装の人は、なるべく避けるようにしている。著名人だとしても、服への配慮がない人とは、仲良くはなりたくないのだ。

古着が好きな若い人も多いだろう。稀少なビンテージの古着を、ファッションのピンポイントで着るのはいいかもしれない。でも安いからという理由で、全身コーディネイトを古着で着回すのは、感心しない。

できれば新品の服を選ぼう。

高い服でなくてもいい。最低限のTPOを守り、清潔感のあるメーカー品を組み合わせ、自分に似合ったスタイルを探そう。メンズファッションバイヤーのMBさんのメルマガや著作は、いい参考になると思う。

新しい服を選ぶことで、世間の流行のアップデートにつながる。何が流行しているのか、鈍感な人に、ビジネスのチャンスが巡ってくるはずはない。

新品の服を、季節に合わせて定期的に入手していれば、体型管理の習慣も身につくだろう。

こざっぱりした、流行の新しい服を、おしゃれに着こなす。それだけでさまざまな思考の機会が得られ、対人の評価ポイントも上がるのだ。

問題は、服を保管しておくスペースだ。

普通のマンション暮らしで、季節ごとに新品の服を買っていたら、あっという間にクローゼットはいっぱいになる。

僕は現在、家を持っておらず、持ち物はすべてスーツケースに収めている程度の量だが、その大半はやはり洋服だ。

結婚式などフォーマルな場へ行くこともあるので、オーダースーツなどは、しばらく持っていなければならない。洋服のオフプレミス化は、僕の今後の課題でもある。

買わずに新品の服を常に選べる、シェアエコノミーが早く進んでほしい。

すでにファッションレンタルのサービスは、いくつか稼働している。始まったばかりなので、利用者は限られているようだが、期待度は高い。

利用者のGoogleカレンダーの予定を自動でさらってもらって、結婚式の出席が予定に入っていたらタキシードを送ってきてくれたり、海へ行く予定なら水着を送ってきてくれるとか、サービスの向上を願っている。

「こんなのどう？　最近はやってます」というような、お薦め情報をまぜる機能も装備されるようになると、なお嬉しい。

洋服の置き場所は、かなり多くの人の悩み事だろう。洋服は買うのではなく、レンタルシェアが常識となる時代は、そう遠くないはずだ。

デートでの「多め出し」をやめろ

成功するうえで大事なことは、「小さな成功体験を積み重ねる」に尽きる。

前にも述べたように僕は学生時代はモテなかった。

でも、女の子に勇気を出して話しかけてみたり、小さな行動を積み重ねていくうちに、「あれ？　イケるんじゃないの？」と、自信がついていった。

成功体験を積み重ねれば、大胆になれる。より大きな成功を得るためには、大胆さは必要だ。周囲の評判や、恥なんか気にしないで、大胆に女の子に迫っていこう。

引っ込み思案で、どうせ女の子に相手にされない……と消沈する気持ちもわかる。僕もかつては、そっち側だった。

しかし作家の藤沢数希《かずき》さんが提唱する、恋愛工学でも述べられている。男のモテとは、ヒットレシオ（口説き落とすまでの確率）×試行回数（女の子とふたりきりで話す）だ。勇気を持って、自分から大胆に、試行を重ねよう。

成功体験を積んでいけば、イケていない自分は、過去のものになる。

行動してバカにされるより、動きださないことが恥なのだと思ってほしい。

勇気を出し、積み重ねていくことが、どうして恥ずかしいのか？

少しの勇気で得られる成功を、みすみす見逃して、じっとしたまま、成功者を嫉妬したり羨んでいる方が、何倍も恥ずかしい。

勇気をケチってはダメだ。お金と同じように、使いまくっていこう。

女の子とのデートも、大胆におごってやれ！　と言いたい。中途半端な「多め出し」をするヤツは、モテないだけじゃなく、成功の積み重ねに失敗している。

仕事でも同じことだ。小さな成功の積み重ねこそが肝だ。

僕がメディアに登場したとき、世間では「ポッと出の若手起業家」というイメージだった。上の世代のおじさんたちには、苦労や我慢を知らない、ＩＴで一発当てた幸運なだけの若造と思われたものだ。一方的にずいぶん誹謗中傷されたものだ。

我慢を知らないのはその通りだったが、苦労（と自分では思ってないけれど）知らずというのは、承服できない。

何もないゼロの状態で起業して、お客さんのいなかったインターネットの市場を、自分たちで開拓した。

ゼロから始まり10年足らずのスピードで、プロ野球球団や、ニッポン放送の買収ができるまでに会社を成長させたのだ。

常識的に考えて、幸運だけでやれるわけがないだろう。

当時、あるテレビ討論会に、著名な経営コンサルタントと並んで参加した。彼は僕より30歳近い年上のおじさんだった。どういうわけか僕には、かなり批判的な姿勢だった。「君みたいな若いヤツが、フジテレビの経営をできるわけがない」と強い口調で言われた。けれど僕は、即座に言い返した。

「できますよ。何を言ってるんですか。僕はもう10年、社長をやっているんですよ」

生意気な反論として、世間には嫌われる口ぶりだったかもしれない。10年の経験と、フジテレビの経営スケールが違うとも思われただろう。

だが僕はオーナー社長として、ゼロからイチを足し続け、大手企業に負けない規模に会社を大きくした。平社員からコツコツと昇進してきたサラリーマン社長に、経営能力で劣っているとは思えない。

失敗もたくさん経験した。心が削られそうになったこともある。だけど実践とチャレンジを、止めなかった。

僕の最大の武器は、若さと生意気さではなかった。圧倒的な経験の量なのだ。

30代前半で、会社経営のマネジメントで経験すべきことのほとんどを、僕は履修できていた。テレビ局ぐらい、経営できる確信があった。もうやるつもりはないが……。

ゼロをイチに、イチを10に、10を20以上に、積み重ねていく。

その地道な作業を途中でやめない、集中力と生真面目さは、成功条件の幹だ。

運や偶然に頼って、楽に成功できる方法は、どこにもない。

邪魔なモノは捨てろ

小学校から中学の始めぐらいまで、僕は趣味で切手収集をしていた。子どものお小遣いの範囲内なので知れているが、欲しいものを買って自分のものにする喜びは得られていた。

だがあるとき、気づいてしまった。

どんなに貴重なプレミア切手も、結局「大金持ちだったら全部、集められるんじゃないの?」と。

例えば明治初期に発行された竜文切手は、逆刷りエラー版が3000万円以上。もしオークションに出品されたら、1億円は超えると言われる。

大変な貴重品なのだが、1億円あれば入手可能ということだ。

欲しい気持ちの強弱ではなく、たくさんお金を出しさえすれば、手に入る。そんなモノに、価値があるのか？

そう疑問に思った僕は、ぱったりと切手への興味を失った。

所有は多くの場合、モノを買えるチャンスと経済力があったという事実を、可視化しているにすぎない。持っていること自体に、意味はない。

集めていた切手は、ごっそり売ってしまった。

以来、なるべくモノを持たないマインドで、人生を過ごしている。

多くの人は、仕事に必要な道具、洋服、プレゼント、旅先の思い出のお土産など、たくさんのモノに囲まれて暮らしている。

だがほとんどは、「大事」という幻想のパッケージにくるまれた不要品だろう。

不要品という表現は厳しいかもしれないが、失ったところで特に何ともない。命までは、奪われたりしない。

逆に、持っている人の決断や行動を、縛りつけている。「大事」と思いこんでいるモノは、本当に大切なものへアクセスするのに、障害となっている。

僕は完全に、所有欲から解放されている。

大人になってから多少の持ち物はあったが、ライブドア裁判後の収監の前に、ほぼ処分した。そのとき賃貸マンションも解約した。決まった住まいを持たずに生きて行く、究極の〝断捨離〟生活を送るようになった。

モノを捨てるほど、生活はよりアクティブになった。

アクセスする情報や世界のステージは、高まっていった。

モノを身の回りから無くしていくことで、本当に大事なものが、自分のなかでさらに明確になっていったような感覚だ。


多くの人は、所有するモノについて「捨てられない」「捨ててはいけない」という。

でも、僕は問いたい。本当に、捨ててはいけないのだろうか？

実は大切なのではなくて、いま持っているモノにまつわる人間関係や安心感に、見捨てられるのが怖いだけではないか？

モノへの愛は、思いこみである。

モノに囲まれた偽の充足より、それらを大胆に捨て、軽やかに走り出す爽快感を選んでほしいのだ。

モノは、不安を増幅する装置だ。「なくしたらどうしよう」「失うと自分は欠けてしまう」という、余計な不安が頭のなかに生じる。何ひとつモノを持っていない赤ちゃんに、不安があるだろうか？

何も持たない方が、幸福でいられる。

所有欲に振り回されなかった、赤ちゃんに戻っていいのだ。

赤ちゃんが何の力もないのに幸せに生きていけるように、きっと誰かがあなたをサポートしてくれる。


邪魔なモノを捨てていこう。

捨てるのが嫌なら気前よく、他人にあげればいい。

モノへの執着から解かれて、身軽な行動に臨んでいこう。

あなたが使ったお金は、必ずあなたに返ってくる。
「信用」という名のブランドに形を変えて。
打算や下心は無しだ。純粋さを忘れるな。
「今」しか見ない熱狂こそが、未来に実を結ぶ。

Phase5 信用構築

財産を信用《ブランド》に変えろ

手柄は人にやれ

仕事をしたとき、みんなが欲しがるのは、まずお金。その次に欲しいのは、手柄だろう。仕事が辛く苦しい、労力をかけたものならば、よけいに欲しくなる。場合によっては手柄の方が、大事にされる。会社の仕事が揉めて、「もうお金はいらないから、手柄だけは自分に残して」と頼むような事例は、意外に多く見受けられる。

手柄はお金と違い、納得のいくシェアが難しい。

人は、受け取れる手柄は独占したがるものだ。

納得できる仕事をしていないようなヤツと、手柄を分け合わなくてはいけなかったり、またはそいつに手柄を丸ごと奪われたりすると、「なんであいつに!?」

と怒りは爆発するだろう。

手柄は、普遍的に魅力的な報酬だ。

だが、使ったらなくなるお金よりも、遺恨を残しやすいので厄介だ。

僕はお金と同様、手柄にも、教育の洗脳が取り憑いていると思う。

手柄をたくさん立てた人は、立派で、優秀だと教えられる。「褒められる」機会が増えると、人としての評価ポイントが加算されていく仕組みになっている。

努力して、褒められる人になりなさい。それが日本の教育の基本設計だ。

手柄を立てることが悪いわけではない。褒賞を受ける優れた業績によって、困っている人を助けたり、社会貢献できるのは、素晴らしいことだ。

ただ、手柄を立てるための努力と同時に、手柄を捨てる潔さやその意味も教えなければならない。それがないから、嫉妬や足の引っ張り合いを、生みやすくしているのだ。

そもそも手柄という概念が、抽象的だ。何の価値があって、具体的に何の得になるのか。手柄の本質的な効用が、よくわからない。

よくわからないけど、「たくさんあったほうが何となくよさそう」という感じがまとわりついている。その点は、現金とよく似ていると思う。

学校も、会社も、社会全体も、この実体のなさを利用して、国民に「無駄な努力も意味がある！　人に褒められるように努力をしよう！」と、間違った教えを刷りこんでいる。

それが手柄はいいものだという、常識の正体だ。

手柄を立てたい、褒められたいという動機で、行動してはいけない。

お金と同様、手柄も幻想だ。

そんなものは誰かにくれてしまえ。

手柄なんか持っていても、わずらわしい。己の芯がぶれるだけだ。手柄に惹かれた変な人が近寄ってきたり、意外といいことはない。手柄など、贈り物のようにあげてしまった方が、むしろ周りの人に感謝され、出会う人や集まる情報の質は上がっていくだろう。

得た手柄のシェアがうまい人には、ポジティブな縁が巡る。それもお金と性質が似ている。

「褒められたい」という欲望は、面倒な邪念だ。

本人は向上心で頑張っているつもりでも、「褒められたい」という下心があるだけで、周りが見えなくなり、他人に迷惑をかける。人に頼らず自分で何とかしようと無為に頑張り続け、結果をより悪い方へと導いていく。

仕事をひとりでやり遂げると、褒めてもらえるという思いこみがあるのだろう。

「褒められたがりくん」は、周囲にとって迷惑だ。簡単に、騙される側にもなる。彼らを褒める人が多いのも、困りものだ。頑張っているプロセスは、なぜか世間では評価される。「結果より努力が大事」教の、悪い部分だ。

向上心があるのはいい。好きなことを、好きなようにやるのも結構だ。けれど、やっていること自体に意識が向いていないか、心の底に褒められたいという邪《よこしま》な気持ちはないか、自己チェックは心がけよう。

人助けに金を惜しむな

僕にはビジネスやプライベートで、多くの仲間がいる。

お金のあるなしとか、知名度、年齢、社会的地位などは関係ない。一緒にいて、頭がいいなと思えて、楽しくいられるかどうかが、付き合う基準だ。

大人になると、友だちができづらくなるというが、そんなことはない。

仕事でも遊びでも、いつもと同じ状態を意識的に避け、新しい試行錯誤や挑戦を重ねていくと、自然と出会いの縁は広がる。友だちづくりが下手だと自分で思っている人は、性格が原因ではなく、ちょっとした動きだしが、足りないだけだろう。

仲間は、意識的につくるものではない。
自由に、好きなように動いていると、同じような動きをしている人と同期して、勝手につながるものだ。

僕はドライなように見られがちだが、いろんなところで人助けをしている。後輩のビジネスの相談には無償で乗ってあげるし、しばしば借金にも応じる。手弁当でのボランティア活動もしている。

少しでも僕と知り合った人たちは、みんな「ホリエモンは人の面倒見がいい」と言ってくる。金銭面でも人脈面でも、僕としては大して手間を割いたつもりはない。でも勝手に、向こうがものすごく助かって、ありがたがってくれることは多いのだ。

けれど「仲間だから」という理由だけで、無条件に他人を助けた記憶はない。最低限のサポートはしてあげるけど、後はご自由にどうぞというスタンスだ。

いざというとき身を挺《てい》してまで仲間を救うか？　と聞かれれば、答えはＮＯだ。相手と状況によって対応する。

10年以上前、中央競馬の馬主の繋がりで、ある経営者の男性と知り合いになった。彼が馬主クラブをつくりたいというので、資金的に協力した。しばらく関係は続いていたが、ライブドア事件の前後で、ぷっつり連絡が途絶えてしまった。そして資金の返済も、スルーされた。

数年ぐらいして、急に向こうの方から連絡があった。病気と不景気で事業が傾き、苦しいから助けてくれ……という頼みだった。話を聞いてみると、病気とかではなく、彼自身のまずい経営が困窮の原因のようだ。

そういうのは、もう、きっぱり無視させてもらう。

自分で工夫や努力をしなかったり、出すべき成果を出せていなかったりするヤツの支援頼みは、無視する。昔の馴染みの人でも同じだ。

羽振りのいいときは調子良くて、景気が悪いと途端にすがってくるようなヤツは、大嫌いだ。

できないと決めつけて、何の工夫もしないヤツも嫌いだ。

能力が低くても構わない。その能力で最大限できること、最低限の利益を自分と周囲に還元できる工夫をしている人を、僕は評価し、支援したい。

食事だけは、気前よくおごる。できるヤツ、できないヤツの分け隔てはない。単純に、美味しいものを大勢の人たちとシェアするが好きなのだ。

メシを奢ることに関しては恩義を感じなくていいし、返報性の法則も気にしない。こっちは美味しいものを食べられて良かったね、という程度の気持ちでいる。

食事は、そいつが面白いヤツかどうかの、見きわめに役立つのだ。

美味しさを伝える喋りの上手さや、食べるときのふるまい、座の話の回し方で、頭の良さが見測れる。会話で持っている情報のレベルもうかがえる。

メシに呼ぶといつも面白いなというヤツは、だいたいビジネスでも成績をあげていくものだ。逆に、食事時にぜんぜん面白くないヤツは、仕事の方もうまくいかない。二度と呼ばないで、関係を切ってしまう。

新しい仲間づくりに、会食はけっこう効率的に機能する。メシは、相手の地位やキャリアにとらわれず気前よくおごって、いい仲間とつながろう。

欲しいモノはすぐに買え

僕は世間にどう思われようと、まったく気にしない。いまだにカネの亡者のイメージを持っている人も少なくないが、誤解を解くために丁寧に説明するのも、もう面倒臭い。誤解したい人は、どうぞ勝手に誤解していてくださいと思う。

そのままのイメージを持ってインタビューに来られると、非常に不愉快だ。「世の中に金で買えないものなんてない」と、僕が述べたという前提で質問に来る。

あれはホリエモン語録でもなんでもない。

過去に「金で買えないものはない」なんて、ひと言も言ってないのだ。

朝日新聞が、球団買収騒動の頃に、記事のタイトルに勝手につけたフレーズだ。

朝日は僕に対して批判的で、世間の側を反発させたかったのだろう。まんまとそのやり口は成功してしまったようで、本当にいい迷惑だ。

誤解されるのはしょうがないが、あんなことは言ってないぞ！　というのは、しつこく主張していこうと思う。

「金で買えないものはない」は、僕の考えではない。

しかし「金で買える、欲しいものは全部買え！」とは、思っている。

多くの人が買い物を我慢しているのは、貯金の呪縛によるものだ。

消費することで財布の中身は減り、貯金が削られる。持ち金が減ることの恐怖心は、現代人には強大だ。買い物での無駄な出費は、できるだけ避けたい一般的な「損」のひとつなのだろう。

もちろん貯金が10万円しかないのに、100万円の車を買おうとしたりするのは、バカげている。分不相応な買い物は、身を滅ぼすだけだ。

しかし、持ち金は足りているのに、「これから何かもっと大事なことで出費するかもしれない」「貯金はなるべく崩したくない」という気持ちから、買い物にブレーキをかけることに対しては、バカじゃないの？　と僕は思う。

モノが欲しいというのは、その人にとって有益な情報が、モノに付与されていることの表れなのだ。

便利だったり、快適さを高めてくれたり、新しい出会いを引き寄せてたり、何らかポジティブな効用のある情報を手に入れるチャンスの出現である。みすみす見送ってしまうのは、賢明ではない。

貯金を丸ごと使いきれとは言わないが、些細なブレーキで、欲しいモノを我慢してはいけない。

特に最新のガジェットなどは、欲しい！　と思ったら、すぐ買うべきだ。できる経営者や投資家は、みんな持ち物は少ないけれど、デジタル製品など新しいガジェットは、誰よりも早く入手している。情報感度の高い人間には、上質の情報と人脈が集まるようになるのだ。

欲しいモノは、欲しいときに買ってしまおう。優れた情報、または体験を得るチャンスを逃してはいけない。

情報は、狩りにいくものだ。

狩猟者の意識でインプットを行い、頭のなかで料理して、アウトプットにつなげる。そうしなければ情勢の変化の激しい現代を、生き抜くのは難しい。

貯金の洗脳に縛られず、欲しいモノには惜しまず出費しよう。

情報を狩る手段として、講演会やセミナーに行くことを挙げる人もいる。

行きたいのなら別にいいけれど、貴重なお金と時間を費やす前に、本当に意味がある場なのか？　と、まずは考え直してほしい。講演会やセミナーで手に入る情報は、メインの講演者の著作やブログで語られているものと、ほとんど同じ場合が多い。わざわざ聞きに行くほどの価値があるだろうか。

情熱的な語り手と同じ場所にいるライブ感の高揚は、たしかに心地いい。だが、情報収集という観点からは、必ずしも効率の良い方法だとは言えないと思う。

その講演者の著作を買って、読んだ方が早いことも考えられる。

案外、モノを買ってしまった方が時間を活かせる場合もあるのだ。

1の価値を100にしろ

新しいことへの挑戦を我慢して、お金にも時間にも余力を残しておく。それがリスクヘッジになるという思考を、僕は「貯金型思考」と呼んでいる。

重ねて言うが、貯金は無意味だ。

思考にまで貯金を持ちこんでいたら、リスクヘッジどころか、それはむしろ損につながりかねない。安全策を採ったつもりが、逆に危ない道を行くことになる。

大事なのは、貯めて守るという発想ではない。投資の発想だ。

サラリーマンでも、貯金型思考を捨て、投資型思考へスライドしよう。

投資型思考になると、コストパフォーマンスの意識が生まれる。時間対効果、費用対効果がよくなければ、投資は成り立たない。

コスパを、どのようにして最適化させていくかを、自分の頭で考えるようになる。さらにはリスクを引き受ける勇気も鍛えられる。

できるだけたくさん貯めておきたい、という思考の人には見ることのできない、新しい風景が目の前に開けてくるのだ。


例えば手持ちのお金が、1万円だとする。「この1万円は使わず、いざというときの保険で置いておいて、毎月3万円ずつ貯金していこう」というのは、貯金型思考だ。

堅実ではあるが、1万円の役割をその金額のまま押しとどめる。失うリスクは少ないが、増えていくスピードは鈍い。

それは「いざというとき」が訪れたとき、本当に強いのだろうか？

また、「いざというとき」が去った後、どうなるのだろうか？

投資型思考の人は、「この1万円を何に使えば、100万円にできるだろう？」と考える。1万円を最大化して、お金の役割を広げていこうという思考だ。

投資型思考は、現状維持を選ばない。先を見すえた、利殖のための行動を取って、「いざというとき」に対処できる資産を形成する。

そちらの方が、確実なリスクヘッジだ。


続けてたとえを出そう。

1万円で買ったリンゴの木が、100個の実をつけた。このリンゴをどのように売れば、リンゴの価値を最大化できるだろう？

模範解答のひとつは、リンゴ1個を100円以上で売ることだ。200円で売って100個売り切れば、売り上げは2万円。粗利は1万円と計算できる。

だが収穫の手間や農薬代、人件費に課税など、事業の維持経費はかさんでいる。1個200円ぐらいでは、コスパが悪すぎるだろう。

解決法は、リンゴ1個の単価をより高く上げればいい。しかし1個数百円ものリンゴを、たくさん売るのは難しい。市場には安くて美味しいリンゴが、いくらでも売られているからだ。


投資型思考なら、このように考える。

リンゴをアイドルに摘んでもらい、手書きのメッセージを添えて売ろう！

普通の美味しいリンゴに、「アイドルの手摘み＋メッセージ」の付加価値を乗せるのだ。1個1000円以上にしても、需要は見こめる。アイドルの側にも、PRの場を提供できるメリットがある。タイアップビジネスとして、成立するはずだ。

アイドルに協力してもらうための報酬は必要だが、リターンは間違いない。多少の出費で大きなリターンを設計し、個人の利益だけに留まらない、社会的な幸福をつくりだす。これが投資型思考の特性だ。

投資型思考は、人助けにも活かせる。

もしお金を貸してもいい相手なら、豪快に、投資のつもりで貸してあげよう。適切なタイミングで、気持ちをこめた「投資」は、貸した側に大きな付加価値がつく。必ず大きなリターンとなって、返ってくるだろう。

甘え上手であれ

僕は昔から、ビジネスでは関係各所への調整や財務管理、プログラミングなどの実務まで、だいたいひとりでこなせてきた。いまも変わらない。

でも、なるべく雑務を「自分がやらない」ように気をつけ、人に投げまくっている。

たくさんの事業を回していて、多くは黒字化できている。

仕事上手なのではない。

できるパートを、できる人に渡すことに、抵抗がない。いわば、甘え上手なのだ。

自分で手がけている仕事は、何がなんでも自分ひとりで完結させなくてはいけないと、心身を削いで必死に取り組んでいる人がいる。

そんな必要なんかない。もし他人に任せても問題ないところがあれば、躊躇《ためら》わず任せてしまおう。そして本当にあなたがやりたいことだけに、集中しよう。

前述したように、やりたいことに集中できる環境をうまく整えることができれば、必ず助けてくれる人が現れる。

誰も助けてくれないと、勝手に苦しんでいてはいけない。世の中には、あなたの甘えを受け入れたがっている人は、意外と多いのだ。

遠慮なく、甘えていこう。

経営の神様と言われる、松下幸之助の名言のひとつは〝衆知を集める〟だ。

松下は学歴コンプレックスを抱えていた。小学校を4年で中退し、9歳で大阪の船場に丁稚奉公。18歳で関西商工学校の夜間制に通うが、授業についていけず退学している。

松下電器の創業者として活躍する一方、高等教育を修めた経験のない自身の経歴には、胸を張れないでいた。だが、学歴がないからこそ、優れた人材に頼りまくった。

自分はできないので頭のいいあなたにやってもらいたい！　と、平気で頭を下げられた。優秀な技術者を好条件で引き寄せ、やがて電気産業の分野で世界トップレベルのチームをつくることができた。

〝衆知を集める〟力で、圧倒的な突破を果たした偉人だ。

松下は言う。


「いかにすぐれた人といえども人間である以上、神のごとく全知全能というわけにはいかない。その知恵にはおのずと限りがある。その限りある自分の知恵だけで仕事をしていこうとすれば、いろいろ考えの及ばない点、かたよった点も出てきて、往々にしてそれが失敗に結びついてくる。」（『道をひらく』（ＰＨＰ研究所）より）

そのとおりだと、僕も思う。松下の経営学は過去のものだが、本質の部分は、現代の最新ビジネスにも効用を発揮する。

「悩める現代人」の原因の多くは、プライドにある。

捨てられないプライドが邪魔して、本来のパフォーマンスや成果を得られなくなっている。

「甘えたりしたら、嫌がられる」と思いこむのも、プライドだ。

ほとんどの他人にとって、あなたは、好き嫌いの対象ですらない。

図々しく甘えて、まったく問題ないのだ。


僕は歳を重ねるごとに自分を大きく見せようとせず、格好つけずに、素直な自分をさらけだしている。プライドを発揮する場面をどんどん無くしていった。その結果、ホリエモンを助けたい！　という人が増えていった。


プライドの無い人は、モテる。それが真実である。

甘えまくるほど、甘えることに抵抗がなくなる。

一度、気持ち悪がられるのを覚悟で、他人に甘えてみたらいい。きっと想像以上にサポートは増え、仕事が楽になるだろう。

甘え上手は、雑務の処理能力に勝るのだ。

誰よりも早くやれ

いまの時代、アイディア自体に価値はない。

新しいビジネスや発明、デザイン、物語、すべてにおいて「このアイディアはすごい！」「世の中をひっくり返すアイディアだ！」と思いついた瞬間は、大変な興奮を感じるだろう。

だが、無意味だ。価値はゼロ。

誰も思いついたことのない、斬新で革命的なアイディアなど、もう存在しない。

そのアイディアは絶対、世界のどこかの誰かが同時に、もしくははるか以前に、必ず思いついている。

アイディアとは、既存の情報や概念の積み重ねから生まれるものだ。同じような素材のなかで、誰もが考える。原点が同じなのだから、唯一無二と思ったアイディアも、必ず似たり寄ったりだ。

インターネットの広がりで、新しいアイディアをつくりだす環境は昔よりはるかに豊かで、便利になった。

アイディアと呼ばれるものは日々、ネット上に無限に現れる。そんななかで、「これは誰も考えつかない！」斬新なアイディアなど、現れるわけがない。

アイディアが価値を持つのは唯一、それが実行されたときのみだ。

電話は、ボストン大学の教授だったグラハム・ベルが開発者で、特許取得者とされているが、複数の研究者が同時に特許申請を計画していたのは、よく知られた事実だ。

タッチの差で、電話の特許を取れなかったのは、発明家のイライシャ・グレイだ。

グレイはベルよりも早い日に電話送信機の設計図を完成させるなど、研究では先んじていた。

しかし、特許提出はベルより遅れていた。グレイは言葉を運ぶアイディアを実現させた機械が、子どものオモチャ以外に用途はないと、呑気に考えてしまったのだ。彼の特許弁護士も同じ意見だったらしい。

グレイが電話の特許申請をしたのは、ベルの2時間遅れ。

120分というわずかの行動の差で、同じアイディアの価値が、自分とその子孫のすべての人生を変えてしまうほどに、開いてしまったのだ。

特許を得たベルは、後に電話会社を興した。その会社が後の通信最大手、AT&T社だ。ベルが生涯に得た財産は、小さな国の国家予算に匹敵するだろう。

電話は革命的な発明だったかもしれないが、「離れたところの人と電線を通じて話をする」アイディアが基となっている。すでにあるものの組み合わせでしかない。

iPhoneも素晴らしい発明だけれど、小型パソコン、タッチパネル方式など、従来の技術を組み合わせた道具だ。斬新だったのはそれを「電話」と定義した。それだけで世界を変えるブランドが生まれた。

しかしここで最も重要なのはその発想ではない。

より大きな意味を持つのは、人よりも早く、実現にこぎつけられたことだ。

情報収集さえできれば、アイディアはいくらでも生まれる。だからこそ、形にならなければ、意味はない。

アイディアを思いついたら、すぐ実現させよう！

特許が気になる案件ならば、そこだけサクッとクリアしておいて、あとは人に話して、どんどん協力を得よう。

見切り発車でもいい。とにかく動きだして、実現に近づけていこう。

精神論とは違う。「誰よりも優れたアイディア」ではなく、「誰よりも早くやってしまう」者が、成功をつかむのだ。

歴史が証明している事実を受け止め、若い人たちには積極的に行動してほしい。

金持ちを目指すな

僕は金持ちになりたいと思ったことがない。

そう言うと、じゃあなぜホリエモンはビジネスで儲けているんだ？　と聞かれたりするが、もうため息が出る……。

ビジネスで利益をあげるのと、お金持ちを目指していないのとは、まったく違う次元の話だ。詳しく論じると本を1冊以上書けてしまうので、省略する。

お金持ちになりたいという人は、なればいい。お金持ちになれる方法なら、たくさんある。僕の配信しているメルマガや書籍などで、効率よく稼げる新しい事業を無数に挙げているので、好きなだけ参考にしてほしい。

親切に公表しているのに、いまだに「お金持ちになりたいけど、どうしたらいいですか？」と、しょっちゅう聞かれる。

心の底からうんざりしているのだが、多くの人には「健康になりたいけど、どうしたらいいですか？」ぐらいの、反射的で無思考な質問なのだろう。

そんな人たちに僕は一貫して、問い返している。

お金持ちになってどうするの？　お金をたくさん持って、何をしたいの？

きちんと答えられた人は、滅多にいない。

そもそも正しく答えられる人は、お金持ちになりたいなんて、思わないのだろう。

10代ぐらいの頃は、僕も人並みに「欲しいものがあるのに、いまの貯金じゃ足りないなぁ」と思っていた。だからといって、別にお金持ちになりたいとは考えなかった。欲しいものが手持ちのお金では買えない。それは制限要因の理屈であって、お金持ちになりたい！　という意欲とは、切り離されているものだ。

自分は物欲が人よりも薄いと気づいたのは、大学に入ってからだ。

先輩からは、「堀江は本当に人の心を持っていないな。シヴァ神みたいだ」と言われた。褒め言葉なのかどうか微妙だったけれど、僕の物欲無さは、一般的な若者としては異質だったのだろう。

20代の初めにはすでに、お金欲しい！　の呪縛から完全に解放されていた。お金にマインドシェアを奪われず、やりたいことを全力投球でやりきる人生を他の人より早くスタートできたので、幸運ではあったと思う。

金持ちを目指すというスタンスは、いま主流になりつつある評価経済社会では、ひどく損をする。

別に金持ちを目指す生き方を全否定しようとまでは思わないけれど、そんなヤツはモテない。

どんなビジネスを手がけようと、どんな発信をしようと、モテない。稼ぎの総量は、限定的だ。

お金持ちなんて目指さず、「あいつと一緒にいたら何だか面白い！」と言われる、行動的な人生を選んでほしい。

結果的に、お金にとらわれない、マネーフリーな人生を過ごせるようになるだろう。

お金持ちになりたい欲は、不安の裏返しだ。

豊富な資産が、もしものときや、働けなくなったときの不安を、解消してくれると信じている。仲間や恋人に恵まれるためには、お金持ちになるのが早道だと思いこんでいる。ある意味では間違いではない。お金は、多少のトラブルや不安を解消してくれる役割も果たしてくれる。

だがそこに、何に使うか？　何をしたいのか？　という、本質的な問いが欠けていたら、いつまでも不安は消えない。何億円貯金しても、不安に怯えているはずだ。

やりたいことに、真剣にハマッていれば、お金の不安は消えるものだ。

ハマりきれない自分の中途半端さを、お金持ちになるためという言い訳でごまかしてはいけない。

不安を消せるのは、思考の密度だ。貯金通帳の残高の多さではない。

バランスを外せ

やりがいのある仕事をしたい、でも家族サービスの時間も欲しい。
遊びや旅行にかける時間は減らしたくない、でももっと収入は欲しい。
SNSの世界で有名になりたい、でも批判や嫉妬は受けたくない……。
多くの人は、相反する願いをいくつも抱えて、悩んでいる。
総じて言うと、すべてにおいてバランスを取りたいのだ。
それは欲張りすぎるというか、ずるい！　と思う。

現状を変えることなく、バランスを整え、物事のいいとこどりをしようというのは不可能論だ。

速く走れるようトレーニングしないのに、100メートル走で金メダルを獲りたいとか、市場調査をまったくせず店の商品をたくさん売りたいとか、雲をつかむような願いと大差ない。

心躍るような成功体験を味わうためには、時間と挑戦を積み重ねねばならない。失敗のリスクも引き受けなくてはいけない。

物事はすべて、例外なくトレードオフだ。

会社を起業した頃、僕は仕事に没頭していた。寝ても醒めても、仕事が思考を埋め尽くしていた。そのときの家族には申し訳ないが、仕事を減らし、家族サービスをしようなんて、考えもしなかった。妻には充分にお金を渡していたから、それでいいと思っていた。

結局、家族とは別れてしまったのだが……後悔はなかった。

会社は急速に大きくなり、スペインなど海外に子会社をつくったり、精神的にも経済的にも充実していた。複数のビジネスがつながっていき、やりたいことのひとつとして、球団買収のプランが現実的に浮かんできた。

家庭とのバランスを取ろうとしていたら、そこまで突き抜けられなかった。

バランスを取りながら、大きなビジネスを成功させる人はいるだろう。でも、僕には無理だった。成功させる人はきっと、才能も頭脳もずば抜けた存在だ。よくホリエモンみたいな人は滅多にいないと言われるけど、僕からしたらバランス感覚をもって、ビジネスを成功させる人の方が、よほど稀少な人材だ。

僕は自分が不器用だと知っている。そういう意味では、凡人なのだ。

調整を取りつつ、ちょうどいい感じに、やりたいことを進めるなんてできない。

僕の持つエネルギーをすべて使いきるつもりで、やりたいことをやりつくす。アンバランスな、偏った集中力を発揮したお陰で、僕はビジネスの世界で、頭ひとつもふたつも抜き出せた。特別なことなんて、何もしていないのだ。

エキサイティングな人生を送りたい、やりたいことを本気でやりきりたいなら、自分のなかのバランス制御を、ぶっ壊そう！　天才じゃなければ、なおさらだ。

場外ホームランを飛ばすバッターは、打った瞬間、体幹のバランスが大きく崩れているという。

バランス無視で振りきれば、打球は遠く、空の向こうまで届くのだ。

何度でも言う。お金はぜんぶ使ってしまおう。貯金なんか必要ない。

貯金は人生のバランスを取るための、最たる行為だ。

多少の貯金をしたぐらいで、整うようなバランスなんか、何の頼りにもならない。

僕はいろんなところで「肩書きを3つ持てば100万人にひとりの存在になれる」と言っている。100万人にひとりの存在になるためには、アンバランスな行動力と、行動を支える時間とお金の投資が必要だ。

ハマッたことに、惜しみなく資金を投下しよう。

大丈夫。不安になることはない。

バランスの外れた経験は、リスクを避けるのが常識とされる社会で、お金よりはるかに大きな価値を持つのだから。

宇宙はなぜ人を惹きつけるのか。
そこに果てのない広がりがあるからだ。
あなたの宇宙に「終わり」を設けてはいけない。
心の声に耳を澄ませ、無限の旅を続けよう。

Phase6 終わりなき拡大

ゴールを設定するな

本書の読者に限らず、世間のほとんどの人は、貯金を銀行に預けている。預金通帳の残高がたくさんあれば安心を得られ、その数字を増やすことが幸福につながると信じている。

だが本文でも述べたとおり、それは完全に騙されている。

親や社会通念を通じて、脈々と受け継がれてきた、悪しき「教育洗脳」のひとつだ。

銀行への貯金は、つまりあなたが無償で銀行に貸してあげたお金だ。

何かに取り憑かれたように銀行にお金を貯めている老人とか、貯金マニアの主婦などの話を聞くと、不思議でならない。

大してお金持ちでもないのに、巨大な資産を持っている銀行に、お金を「貸し」まくって、どうして平気なのだろうか？

そういう人に限って、借金は絶対ダメ！　とか、お金は大事だなどと主張しがちだ。

言っていることと、やっていることが、ちぐはぐだ。銀行に、なけなしのお金を貸すことに、何の疑問も持っていない人に、お金は大事などと言える資格はないと思う。

問題の根幹は、何世紀にもわたり続いている、「信用」に関するおかしな逆転現象だ。

「貯めたお金は信じられるけど、他人は信じられない」という人が、ひどく多いが、人の方が信用できるということが、なぜわからないのだろう。

お金が、ある程度の問題を解決してくれるのはたしかだ。でも、お金ではどうにもならない問題の方が、人生には圧倒的に多い。

他人の手を頼らなくてはいけないようなとき、「お金があるから助けはいりません」と拒んだとしたら、どうだろう？　お金なんかより、もっと大事な何かを、失ってしまうのではないか。

お金より、人を大事にしなさいと、浅い道徳論を展開したいわけではない。

信用順位の上位にお金を置いていたら、お金に使われる人生となる。それは見知らぬ他人に使われるのと同じ、ひどくつまらない人生だと言いたいのだ。

貯金を、過剰に信用してはいけない。

「貯金信仰」から脱却しよう。

そのためにまずは、銀行にお金を「貸す」ことが、あなたの人生においてどういうことを意味するのか、自分の頭で考え直そう。

それからこの「貯金信仰」にとらわれている人たちと同じぐらい、「立体的な発想ができていない人」も多い。

「どうしたらお金持ちになれますか!?」など、本質の欠片さえつかんでいない問いと、年がら年中、向き合っている。僕も取材でそんなことを尋ねられると、心底嫌気を覚える。

そんなものに核心を突いた答えが、あるわけないだろう。

立体的な発想とは、どんなものか。例えば、旅行で発揮することができる。

1997年、僕はワールドカップ最終予選の日本vs.イラン戦の観戦のため、マレーシアのジョホールバルに行こうと思った。

当時の部下にチケットを手配させると「クアラルンプール行きの飛行機が、まったく取れません！」と、ギブアップした。90年代後半は日本からマレーシアへの便は限られており、日本からの応援団で、エアチケットは即完売状態だったのだ。

インターネットはそれほど普及しておらず、グーグルマップもない。

僕はジョホールバル＝マレーシアの州都だという先入観を、捨てて考えようと思った。そして紙の地図を調べた。すると、ジョホールバルは隣国のシンガポールと、橋ひとつ越えた程度の距離であることに気づいた。

僕はマレーシアではなく、まずシンガポールへ飛んだのだ。

現地でバスツアーを申しこみ、試合会場のラルキン・スタジアムへ到着した。見事に、〝ジョホールバルの歓喜〟の目撃者となれたのだ。

チケットが取れないで諦めるのは、平面的な思考で留まっている証拠だ。どうして地図を見ないのか？　フライトが無理でも、地図を調べれば目的地へたどり着く方法は、必ずあるはずだ。

情報を集めて、立体的に対処法を考察する。こんな簡単なことを、多くの平面的思考の人たちは、できていない。

だからお金の有効な使い方がわからないし、「貯金信仰」に縛られるのだ。

立体的思考を養うには、多動力が役に立つ。

僕は毎日、睡眠以外の時間は、分刻みのスケジュールで過ごしている。

複数のタスクを同時処理しつつ、多くの人と会い、遊び、飲んで笑って、日々を送っている。ぼんやり、のんびりしている時間は、ほとんどない。

忙しいビジネスマンは、たまの休日には何も予定を入れず、ボーッとしているというけれど、何が幸せなのだろう。

一瞬を楽しみ尽くし、いまに集中して生きる。

そうしていれば、何もしない時間が、ひどくもどかしいはずだ。

時間を使いこなす機会をおろそかにしている怠慢を、よしとしている思考回路が、僕には理解できない。

多動力ではもちろん、お金を使う。

ふだん僕は1ヶ月で使う程度の現金しか、持っていない。それ以外は全部、使いきってしまう。

「あり金は全部使う」を、身をもって実践している生活だ。

株などやるなと2章で書いたが、それはお金持ちになること自体を目的にして、キャピタルゲインを追い求めるような投資はやるなという意味だ。

僕も投資は行っている。しかしそれは投資というより、「こういう会社やサービスを実現させたい」というプロジェクトを、若い仲間たちと一緒につくっていく感じだ。だから主にエンジェル投資を手がけている。スタートアップ事業に近いだろう。

要は、面白くてワクワクすることを、ずっとやりたいだけだ。

ニュースキュレーションサイト「NewsPicks」で以前、批評家の宇野《うの》常寛《つねひろ》さんが、次のようなことを述べていた。

「工業社会におけるホワイトカラーの遊びの文化は、20世紀にすでに完成されてしまっています。でも、21世紀の新しいホワイトカラー層、または知的層の遊び方って、まだ十分には確立されていないんですよ。

そこに関しては、日本から何か面白いことを実験する価値があるということを、堀江さんは本質的にわかっていて、自身でいろいろ実験しているように見えるんです」

さすがの見立てだと思う。ひとつ加えさせてもらうなら、僕の多動力のスタイルは、ホワイトカラーやフリーランサーや実業家のみに、向けたものではない。

すべての人たちへの提唱だ。

多動力的に生きることが、これからのスタンダードであり、古くからの教育洗脳、ひいては「貯金信仰」を解くのに、とても効果があるのだということを、身をもって伝えていきたい。

話は教育洗脳に戻るが、その弊害として、「貯金信仰」のほかに、「目標主義」も挙げられる。

世の中の自己啓発書の類をざっと流し見ても、どれもこれも判を押したように「夢」だ「目標」だと、流されやすい大衆を誤った方向に導く言葉を述べ連ねている。

ゴール設定主義と言ってもいい。ゴールや目標を各々に設定して、そのラインに達するために努力していくことこそが、成長の証しであると説かれてきた。

根っこでは、目標貯金額は◎◎万円！　貯められたら起業！　などの「貯金信仰」とも、つながっている。

しかし、繰り返し言わせてもらう。

未来を考えることに意味はない。

未来思考はいらない不安を生むだけで、行動が制限される。

ゴールに向かって、頑張ること自体は悪くない。だが、頭で考えたゴールは、ほとんどの場合、それ自体が目的となってしまう。設定ラインを越えなければ失敗という、ネガティブなマインドを生み、それ以外の選択や可能性が、見えなくなりがちだ。

僕がSNSで、ゴルフに行きますと呟くと、たいてい「目標スコアはいくつですか?」と聞かれる。本気で鬱陶しい。

「そんなものは設定しない！」と答えるだけだ。

目標なんかを決めたら、その数字を目標に、小さくまとまった、つまらないゴルフになってしまうだろう。

目標を設定することで、地味に少しずつ上手くなるという利点は、多少あるかもしれないが、楽しみは減る。

僕の行動原理はシンプルだ。

楽しみが減る選択はしない。

ときに非合理的でも、ともかく楽しいと感じた道を行く。

目標設定は、自分の限界を勝手に決める行為だ。

終わりのあるチャレンジに、何の楽しみがあるのだろう？

ここまで行けば達成、だとか、これで終わり、などとゴールを決める必要はない。

いまを楽しみ、気持ちのおもむくまま、自分の世界を拡大していこう。

世界が広がれば、面白い人や情報が集まり、巡り合わせのポジティブな循環は加速する。将来の不安が、いかにバカらしく無意味であるか、気づけるだろう。

あり金は、大事だ。だけど、使わなければただの足かせだ。

ゴールするために使うのではなく、ゴールそのものを無くして、何にも縛られない無限の自由を生きられる人生を、未来思考から取り戻す挑戦に使ってほしい。

お金は、使いまくっていいのだ！

面白いことを、好きなだけやろう！

おわりに 使った後悔より使わなかった後悔

近年に刊行されている『アリとキリギリス』の絵本では、「アリがキリギリスに食べ物を分けてあげる」パターンが、主流になっているらしい。

それはいいのだけど、助けてもらったキリギリスは心を入れ替えて、冬を越してからはコツコツ働き、食べ物を蓄えるようになるというのだ。驚くべき、「貯金信仰」への改宗だ。

貯めない者は飢え死にする。そんな教訓は旧時代のものだと改めて明言する。キリギリスは、お金を使いまくって、遊び続けていいのだ。

その才能で誰かの役に立ち、アリたちと変わりない成果を得られるはずだと、本書では繰り返し述べてきた。今後は、「貯金信仰」とは真逆の『キリギリスとアリ』の絵本をつくろうかと、真剣に考えている。

貯金通帳を、開いてみよう。残高の数字は、あなたの生活の安心を保証しているものだと思う。だが、本書を読んだ後では、どうだろう?

その残高は、あなたがいま失っている、たくさんの機会の総額だ。

人は死ぬときに、やったことよりやらなかったことを、より深く後悔するという。

お金も同じだ。

僕は自信を持って言う。使った後悔より、使わなかった後悔なのだと。

あなたたちが、本当にやりたいことに囲まれた人生を過ごせるよう、祈っている。

参考文献

・三戸政和『サラリーマンは300万円で小さな会社を買いなさい 人生100年時代の個人M&A入門』（講談社＋α新書）
・松下幸之助『道をひらく』（PHP研究所）
・ユヴァル・ノア・ハラリ『サピエンス全史』（河出書房新社）

カバー写真　柚木大介
ブックデザイン　鈴木成一デザイン室
取材・構成　浅野智哉
校正　ハーヴェスト

堀江貴文ほりえ・たかふみ

1972年福岡県生まれ。実業家。SNS media & consulting株式会社ファウンダー。元ライブドア代表取締役社長CEO。

宇宙ロケット開発や、スマホアプリ「TERIYAKI」「755」のプロデュースなど、多岐にわたって活動中。

有料メールマガジン「堀江貴文のブログでは言えない話」は1万数千人の読者を持つ。また会員制コミュニケーションサロン「堀江貴文イノベーション大学校」も盛況。

著書に『ゼロ』『本音で生きる』『多動力』『情報だけ武器にしろ。』『これからを稼ごう』などがあり、ベストセラー多数。

twitterアカウント：@takapon_jp

あり金は全部使え

貯めるバカほど貧しくなる

2019年6月20日　第1刷発行

著者　堀江貴文

発行者　鉄尾周一

発行所　株式会社マガジンハウス
〒104-8003
東京都中央区銀座3-13-10
書籍編集部　☎03-3545-7030
受注センター　☎049-275-1811

印刷・製本所　中央精版印刷株式会社

ISBN978-4-8387-3056-8 C0095